_____ 드림

우리아이가
달라졌어요

우리 아이가 달라졌어요

1판 1쇄 발행 2011년 5월 9일
1판 3쇄 발행 2013년 5월 15일

지은이 SBS 〈우리 아이가 달라졌어요〉 제작팀 · 이경선
감수 오은영

발행인 장상진
발행처 경향미디어
등록번호 제313-2002-477호
등록일자 2002년 1월 31일

서울시 영등포구 양평동 2가 37-1번지 동아프라임밸리 507-508호
대표전화 1644-5613, 팩시밀리 02-304-5613

ISBN 978-89-6518-024-1 13370

※값은 표지에 있습니다.
※파본은 구입하신 서점에서 바꾸어 드립니다.

경향에듀 는 경향미디어의 자녀교육 전문 브랜드입니다.

우리아이가 달라졌어요

● SBS 〈우리 아이가 달라졌어요〉 제작팀 · 이경선 지음 | 오은영 감수

경향에듀

감수

SBS 〈우리 아이가 달라졌어요〉가 첫 방송을 내보낸 지 어느덧 만 6년이라는 시간이 지났습니다. 명실상부한 SBS의 간판 교양 프로그램이자 장수 프로그램이 되었고, 올바른 양육에 대해 시청자가 함께 공감하며 내 아이가 성장하는 과정에서 겪을 수 있는 문제를 개선해 나가는 과정과 부모로서의 올바른 태도에 대해서 생각할 수 있는 좋은 프로그램으로 회를 거듭하고 있습니다.
무엇보다 문제 행동을 하는 아이들에게 씌워졌던 잘못된 인식을 불식시키고 부모의 바른 양육 태도를 강조할 수 있었던 것이 〈우리 아이가 달라졌어요〉가 거둔 가장 큰 성과입니다.

그동안 방송된 케이스를 정리하여 두 차례 책으로 발간되어 큰 호응을 얻었고 이번에 그 세 번째 책이 발간되었습니다. 책이라는 것은 TV를 통해 일회성으로 보는 것에 그치지 않고 글을 읽으면서 스스로 생각할 시간을 갖게 해주며 상상력을 가지고 대화를 할 수 있게 해줍니다. 그렇기 때문에 문제의 본질에 더 가까이 다가갈 수 있고 자칫 놓치기 쉬운 부분까지 친절하게 안내받을 수 있습니다.

아이들의 문제 행동에는 늘 "왜?"라는 물음표가 붙습니다. 아이를 어떻게 이해하고 대처해야 아이가 좋은 모습으로 달라지는가도 중요하겠지만 어째서 그런 행동을 했는가를 잘 이해하는 것이 더 중요한데 이 책에서는 바로 이런 점을 중점적으로 준비하였고 문제 행동 상황에 대해 그 원인과 대안을 추가하여 이해를 보다 쉽게 할 수 있도록 배려하였습니다. 이런 이유만으로도 많은 부모들의 올바른 양육 지침서가 될 것임을 믿어 의심치 않습니다.

완성도 높은 좋은 프로그램을 위해 늘 매진하는 제작진의 노고에 감사의 마음을 보냅니다.

2011년 4월

의학박사 오은영(오은영 소아청소년클리닉 원장)

"정말 아이가 달라지나요?"

〈우리 아이가 달라졌어요〉 제작진으로서 가장 많이 받는 질문입니다.

"네, 아이들은 달라집니다."

〈우리 아이가 달라졌어요〉 첫방송을 한 지 5년이나 됐습니다. 대표적인 육아 전문 프로그램으로 자리잡았고, 어느덧 3번째의 책이 나옵니다. 오랜 세월 〈우리 아이가 달라졌어요〉가 사랑받고 있다는 건, 아이들의 육아 방법은 부모님들의 가장 큰 고민이자, 다음 세대를 위한 가장 중요한 포인트이기 때문입니다.

첫방송을 시작하기 위해, 여러 전문가들에게 자문을 구할 때 우려의 목소리도 있었습니다. 아이들이 단시간에 고쳐질 수 있을까, 라는 의문도 있었습니다.

그러나 아이들은, 놀랍게도 아주 짧은 동안에 큰 변화를 보여주었습니다. 아이들은 부모가 조금만 달라져도 금방 변했습니다. 핵심은 어떻게 우리 아이에 딱 맞는 정확한 육아법을 찾아내고, 적용하느냐였습니다.

아이의 특성과 기질, 환경을 분석하고 문제에 대한 정확한 진단과 개선안을 제시해주는 지난 5년간의 노하우를 책에 담고자 노력했습니다. 방송이나 인터넷 등의 매체에서 넘쳐나는 육아 정보를 보아도 내 아이에게 딱 맞는 지침은 무엇인지, 달라지고 싶어도 어떻게 달라져야 할지 모르는 부모와 아이들에게 《우리 아이가 달라졌어요》는 좋은 지침서가 될 것입니다.

〈우리 아이가 달라졌어요〉를 시청하는 순간, 부모님들은 벌써 마음속에서 개선을 할 준비를 하고 계십니다. 이 책을 찾는 순간 부모님들은 벌써 준비가 되신 겁니다. 부디 이 책이 많은 도움이 되어 〈우리 아이가 달라졌어요〉 제작진이 찾아갈 아이들이 없을 만큼 우리 아이들이 모두 행복한 어린 시절을 지냈으면 좋겠습니다.

마지막으로, 이 땅의 모든 어머님들께 응원을 보냅니다. 특히, 큰 용기를 내어 방송에 출연해준 부모님들에게 깊은 감사를 드립니다. 시도 때도 없이 숱한 질문을 던질 때마다 같이 고민해주시고 답변해주시는 전문가 선생님들께도 진심으로 감사합니다.

SBS 〈우리 아이가 달라졌어요〉 제작팀

감수 • 4
서문 • 6

1 산만하고 폭력적인 우리 아이

잠시도 가만히 있지 않고 온 집안을 아수라장으로 만들어요 • 12
말 대신 '악' 소리로 의사표현을 해요 • 19
제 뜻대로 안 되면 무조건 자해와 폭력으로 위협해요 • 26
어른 잡는 공포의 파이터예요 • 32
아무한테나 소리를 지르고 호통을 쳐요 • 38
위아래 없이 막무가내로 욕하고 침을 뱉어요 • 44

2 떼가 심하고 고집이 센 우리 아이

고집대로 안 되면 바닥에 머리를 찧어요 • 54
사사건건 꼬투리를 잡고 늘어져요 • 61
웃었다 울었다 변덕이 죽 끓듯 해요 • 68
장소를 이동하는 것을 극도로 거부해요 • 76
엄마가 하는 건 무조건 따라 해요 • 83
뭐든지 다 제 멋대로 하는 응석왕이에요 • 90
밤이면 밤마다 자다 깨서 울어요 • 97

3 집착이 심한 우리 아이

내 것도 내 것, 네 것도 내 것인 욕심쟁이예요 • 106
어린 나이에 벌써부터 돈을 밝혀요 • 113
태어나서 지금까지 밥을 먹은 횟수가 5번도 안 돼요 • 120
밤새도록 텔레비전만 봐요 • 128
장난감 가게 앞을 그냥 못 지나쳐요 • 136
24시간 컴퓨터 앞을 떠나지 않아요 • 143
자기만의 규칙에 갇혀 살아요 • 150

4 부모를 거부하는 우리 아이

아빠를 깔보고 엄마 말에는 말대꾸만 해요 • 160
엄마만 좋고 다른 사람은 다 싫대요 • 167
짜증이 나면 엄마의 머리채부터 잡아요 • 175
징그럽게 할머니만 찾아요 • 183
할아버지 할머니한테 응석이 심해요 • 191
육아를 맡고 있는 할머니를 만만하게 봐요 • 198

5 어린이 집, 학교 생활이 힘든 우리 아이

내 집, 남의 집, 어디에도 들어가지 않으려고 해요 • 208
학교 가기를 거부해요 • 216
엄마 없이는 어린이집, 학원, 어디에도 안 가요 • 223
어린이집에서 말을 안 해요 • 230
갑자기 유치원에 안 가겠대요 • 237
한시도 가만히 있지를 않아요 • 244
유치원 가기를 거부해요 • 252
친구들을 심하게 괴롭혀요 • 260

6 형제자매끼리 자주 다투는 우리 아이

누나는 내 밥이라고 생각해요 • 270
아무나 보면 욕하고 시비를 걸어요 • 277
쌍둥이 형제가 아니라 원수지간이에요 • 284
아이들 싸움이 어른 싸움이 됐어요 • 291
동생 얼굴에 손톱자국이 가실 날이 없어요 • 298

1

산만하고
폭력적인
우리 아이

잠시도 가만히 있지 않고 온 집안을 아수라장으로 만들어요

집에서 자란 늑대 소년

'미운 네 살'이라는 말은 괜히 나온 말이 아니다. 그만큼 네 살이라는 나이는 가만히 있으면 어딘지 이상하고, 수시로 말썽을 부리고 장난을 쳐야 정상인 그런 시기이다. 그러나 장난이 도를 넘어 민폐 행동으로까지 이어지면 그때부터는 문제 행동이 된다.

4살 선호는 그야말로 집 안팎에서 잠시도 가만히 있지 못하고 폭주하는 초특급 악동이었다. 제작진이 선호를 만나러 간 첫날, 선호는 장난감 박스를 마루 한복판에 뒤엎어놓고 두 살 배기 동생 앞에서 쇠막대기를 흔들어대고 있었다. 엄마가 동생 모유수유를 하느라 작은방에 들어갔을 때는 부침개라도 할 참인지 거실 한복판에 밀가루를 뿌려놓더니 그 위에 날달걀까지 깨뜨려 범벅을 하고, 뒤늦게 모유수유를 끝낸 엄마가 혼을 내려고 하자 되레 더 큰소리를 치며 엄마를 몰아붙였다. 고집은 또 어찌나 센지 한 번 마음에 드는 게 있으면 반드시 손에 넣어야 직성이 풀렸는데 특히, 마트에 가면 집에 똑같은 장난감이 있어도 같은 것을 또 사겠다고 고집을 피웠다. 아무리 안 된다고 설명을 해도 판매하는 장난감 자동차 위에서 소변을 지리면서 온몸으로 자동차를 요구하는 바람에 결국 엄마는 이미 있는 장난감을 또 사줄 수밖에 없었는데 한 번 터지면 제어가 불가능한 선호의 말썽 행동들, 대체 무엇이 문제인 것일까?

아이를 폭주시키는 인물은 따로 있다

촬영 중 제작진은 놀라운 사실을 발견했다. 엄마 말에는 꼬박꼬박 말대꾸를 하며 징그럽게도 말을 안 듣던 선호가 할머니가 한마디하자 얌전한 신사로 돌변하더니 조용히 책까지 읽었다. 그러나 곧이어 엄마가 오자 조금 전의 모습은 온데간데없고 또다시 괴성을 지르며 무법자로 돌변했다.

　대체 선호는 엄마를 어떻게 생각하고 있을까? 엄마가 갑자기 선호 앞에서 배가 아픈 척 연기를 했을 때 선호의 반응으로 선호의 속마음을 알아보았다. 그런데 엄마가 아프다고 하자마자 선호가 엄마 손을 끌어당기며 병원에 가자고 한다. 심지어 핸드폰으로 아빠한테 전화를 걸어 도움을 요청하는 침착한 모습을 보이기까지 했다. 평소와 180도 다른 선호의 의외의 행동들, 선호는 왜 이렇게 엄마를 위하면서도 엄마 앞에서만 폭주를 하는 것일까?

"엄마 앞에서 소리를 지르고 막무가내로 행동해도, 엄마가 늘 어찌할 바를 모르고 약한 모습을 보이니까 선호가 엄마한테 함부로 하는 거예요. 엄마가 싫어서 그러는 게 아니라 엄마를 많이 좋아하지만, 함부로 하는 행동으로 엄마를 대하는 게 이미 조건화가 되어버린 겁니다."

– 이보연 아동상담전문가

즉, 평소 엄마는 제자리에 앉아 밥 먹기, 가지고 논 장난감 치우기 등 아이한테 무언가를 시켜놓고도 아이가 그것을 하든 안 하든 아이가 원하는 대로 끌려다니기만 했다. 그래서 선호에게 '엄마=사고 치고 떼를 부려도 되는 존재'라는 공식이 성립된 것이다.

가장 큰 원인은 교육의 부재

선호는 4살이지만 '원숭이'라는 단어가 무엇을 뜻하는지조차 제대로 몰랐다. 한번도 교육을 받아본 적이 없기 때문인데 이런 선호를 대하는 아빠의 태도는 더욱 놀라웠다.

"3~4살밖에 안 된 애들이 뭐를 알아? 나는 아줌마들이 애들한테 벌써부터 책 읽어주고 하는 거 정말 이해가 안 돼. 선호 나이 때 기억나는 사람이 누가 있어? 천재도 아니고.

책 같은 건 좀 더 커서 읽어줘도 돼."

아빠는 선호가 원숭이라는 단어를 알지 못해도, 말을 또렷이 하지 못해도 지극히 정상적으로 발달하고 있다고 믿었다. 하지만 언어 발달은 돌에서 네 돌 사이가 결정적 시기다. 이 시기에 언어 자극을 제대로 받지 못하면 언어 발달이 지연될 수도 있다. 그런데 아빠는 4살 아이에게 교육은 할 필요가 없다고 하면서 아이가 잘못했을 때는 매로 강하게 훈육을 했다. 결국 선호는 시간이 날 때마다 혼자 TV를 보며 말을 익힐 수밖에 없었고, 그러다 보니 규범이나 규칙은 배울 기회조차 없었다.

또한 아빠는 "아기였을 때 일을 아이가 어떻게 기억하겠어?"라는 말을 자주 했다. 이런 생각은 정말 위험한 생각이다. 갓난아기 때 받은 부모의 손찌검이나 윽박은 아이의 무의식에 남아 평생토록 따라다니는 공포가 된다. 아무런 문제가 없는 아이라도 갓난아기 시절 이런 경험을 하면, 그 충격으로 불안도가 높아지고 산만해진다. 선호는 기질적으로 활동적인 면도 있지만, 갓난아기 시절 경험한 아빠의 폭력에 강한 충격을 받아 더욱 산만해진 것이다.

후천적 자폐 성향

선호의 문제 행동의 원인을 찾기 위한 놀이 검사를 실시하던 중 놀라운 사실을 발견했다. 전문가가 와서 말을 걸고 놀이법을 제시해도, 선호는 자신이 하던 놀이에만 빠져 전문가의 말에 전혀 신경을

산만하고 폭력적인
우리 아이

쓰지 않았다. 4살 정도가 되면 옆에서 새로운 놀이를 하자고 했을 때, 일단 관심을 보이다가 마음에 들지 않으면 자기가 하던 놀이를 계속한다. 그런데 선호는 아예 눈길조차 주지 않았다. 일상생활에서 놀이를 할 때도 습관적으로 여러 가지 물건들을 일렬로 늘어뜨리고 노는 모습을 자주 보였는데, 검사 결과 선호는 사회적인 상호작용의 경험이 부족해서 나타나는 후천적 자폐증으로, 이대로 가다가는 후천적 자폐로 완전히 굳어질 수 있는 심각한 상황이라는 진단이 내려졌다.

우리 아이를 달라지게 하는 완벽 솔루션

다정하고 친절한 아빠 되기

아이에게 불안감을 주는 아빠를 개선하는 게 급선무다.

> **친절한 아빠 되기 4계명**
> 1 "하지 마"는 이제 그만!
> 2 겁주는 말이나 체벌 금지!
> 3 TV보다 말을 많이 하는 놀이를 한다.
> 4 큰소리로 윽박지르는 대신 말 많은 수다쟁이가 되어라!

평소 아이에게 지시하는 명령조의 말이 입에 배어 있던 아빠는 이제부터 아이와 노래를 부르거나 마주 앉아서 장난을 치는 즐거운 상호작용을 자주 시도한다. 그러나 이때 아이들은 갑자기 변한 부모의 모습에 놀라, 부모를 자극시키는 말로 부모를 시험할 수도 있다. 그런 것을 모르고 순간의 화를 참지 못해 평소대로 소리를 지르거나 매를 든다면 오히려 더 큰 문제 행동을 유발할 수 있다. 이 순간을 참는 것에 솔루션의 핵심이 있음을 잊지 말자.

일상 규칙 세우기

그동안 선호는 교육의 부재로 인해 생활규범조차 제대로 배우지 못했다. 이제부터는 옳고 그름은 물론 안 되는 것, 참는 것을 배워야 한다. 그러기 위해선 일상생활의 규칙을 세우고 규칙적인 일과를 보내는 게 중요하다. 그랬을 때 아이는 안정감을 찾고, 산만한 행동도 자연스럽게 줄어들 것이다.

놀이를 통한 상호작용 배우기

후천적 자폐 성향으로 인해 어린이집에서도 혼자서 놀았던 선호를 위해 상호작용을 배울 수 있는 놀이를 제안했다.

> **상호작용 놀이**
> ① 비눗방울 놀이: 한 사람이 불면 다른 사람이 터뜨리는 과정을 통해 타인과의 상호작용을 배운다. 또한 비눗방울을 터뜨리기 위해 호흡을 조절하는 과정을 통해 주의력을 키워줄 수 있다.
> ② 다트 던지기 놀이: 표적을 맞히기 위해서는 집중력이 요구되기 때문에 아이의 산만함을 개선하는 효과가 있다.

또한 친구들과 함께하는 스포츠 활동은 단체에서 규칙을 지키는 연습을 할 수 있고, 스포츠 활동으로 이뤄지는 관계 맺기를 통해 사회성을 형성해 자폐적 성향을 개선하는 데도 효과적이다.

엄마는 단호하게 훈육을 시도한다

선호를 폭주시키는 원인이었던 엄마는 이제부터 아이가 원하는 것은 무엇이든 들어주고 마음대로 무시해도 되는 대상이라는 인식을 철저하게 바꿔줘야 한다. 그러기 위해서는 강한 훈육이 필요하다. 반대로 아빠는 평소에 무서움의 대상이었으므로 어떤 상황에서도 절대로 훈육을 해서는 안된다.

요즘 아빠는 퇴근 후 선호가 해주는 안마 서비스에 푹 빠져 있다. 항상 악쓰고 떼쓰던 선호가 어느새 효자가 되어, 밥 먹은 그릇을 제 손으로 직접 싱크대에 갖다놓기까지 하는데, 방송을 준비하면서도 아이가 크게 달라질 거라고 기대하지 않았던 아빠는 선호의 놀라운 변화에 웃음이 가시질 않는다. 선호의 변화 못지않게 아빠도 크게 달라졌다. 무섭기만 했던 예전과 달리 수시로 노래를 불러주고 책을 읽어줬다. 엄마와 아빠의 지극한 사랑이 가져온 행복한 변화, 선호의 미래는 아주 행복할 것이다.

말 대신 '악' 소리로
의사표현을 해요

'악'녀 일기

3살 경진이의 엄마는 하루 종일 경진이와 스무고개를 하는 것 같다. 우유를 달라고 할 때도 '악', 밖에 나가자고 할 때도 '악'. 손짓을 섞어가면서 소리를 지르면 그나마 아이가 원하는 것을 금방 알아차리겠는데, 무작정 소리만 지를 때는 무슨 암호도 아니고 답답할 때가 한두 번이 아니다. 더 큰 문제는 엄마가 경진이의 '악' 소리를 제때 알아듣지 못하면, 괜한 화풀이를 자기 얼굴을 때리며 한다는 것이다. 하지 말라고 하면 엄마의 얼굴까지 때리고 멱살을 잡고 흔드는 통에 엄마는 하루 종일 경진이의 '악' 소리가 의미하는 것이 무엇인지 알기 위해 신경을 곤두세우고 있을 수밖에 없다. 주변에서는 말문이 트이면 괜찮아질 거라고 하지만, 말귀는 다 알아들으면서 소리를 지르고, 자해하고, 폭력을 휘두르며 의사표현을 하는 경진이를 보면 엄마는 가슴이 무너져 내린다.

'악'녀 경진이의 문제는 이뿐만이 아니다. 밥을 먹거나 심지어 잠을 잘 때도 장난감 '흔들이 말' 위에서 내려오지 않았다. 갓난아기였을 때 우연히 잠을 안 자고 보채는 경진이를 흔들이 말 위에 올려놓은 적이 있었는데, 그때부터 경진이는 흔들이 말이 없으면 잠을 자지도 밥을 먹지도 않는다. 하지만 한참 성장할 나이, 잘 먹고 잘 자는 것이 무엇보다 중요하다는 것을 알기에 엄마와 아빠는 흔들이 말 위에서 경진이를 내려오게 하려고 안 써본 방법이 없다. 강제로 흔들이 말 위에서 끌어내려 보기도 하고 매를 들기도 했었다. 하지만 그럴 때마다 더 심한 폭력으로 맞대응하는 아이 때문에 어쩔 수 없이 엄마, 아빠는 밤새도록 번갈아가며 흔들이 말을 흔들어줄 수밖에 없었다. 더 놀라운 사실은 어린이집에서는 흔들이 말 없이 잠도 잘 자고 밥도 잘 먹는다는 사실이다. '악'녀 경진이, 대체 무엇이 문제일까?

아이는 엄마에게 화가 많이 나 있다

촬영 중 경진이의 사촌 미희가 놀러왔다. 미희가 오자 경진이는 아끼는 장난감들을 주며 친하게 지내려고 했다. 그런데 엄마가 이런 경진이의 행동을 미희를 괴롭히는 것으로 오해해 혼을 내고 말았다. 그러자 갑자기 경진이가 걷잡을 수 없이 폭발하기 시작했다. 엄마가 말리면 말릴수록 더 폭력적으로 미희를 대하더니 급기야 분을 삭이지 못하고 자신의 얼굴을 때리는 자해 행동까지 했다.

> "말을 잘 못하는 아이가 '악' 소리를 지르는 까닭을 생각해 봅시다. 왜 그럴까요? 경진이는 엄마한테 자기 얘기를 들어달라고 끊임없이 요구하고 있는 겁니다. 화를 내고 울고 난리를 치지 않으면 자기 의사가 엄마한테 전달이 안 되는 것 같다고 느끼는 거지요. 그렇기 때문에 아이로서는 하루 종일 '나 좀 살려줘!', '도와줘!'라는 표현을 강한 '악'소리로 대신할 수밖에 없는 겁니다."

– 이보연 아동상담전문가

전형적인 '축소전환형' 엄마

경진이와 엄마의 일상을 좀 더 자세히 들여다보기로 했다. 무슨 이유 때문인지 아침부터 경진이가 엄마한테 안아달라고 조르고 있었는데, "안아, 안아"라고 분명히 말을 하고 있는데도 엄마는 "당근? 당근 줄까?" 동문서답을 했다. 다시 한 번 경진이가 "안아!" 하고 분명히 말하는데도, 엄마는 "머리 한 번 묶자, 땀을 너무 많이 흘렸다"라며 아예 경진이의 관심을 다른 데로 돌리려고만 했다. 결국 엄마의 태도에 화가 난 경진이가 방으로 들어가버렸는데 엄마는 대수롭지 않다는 듯 텔레비전만 볼 뿐이었다. 엄마는 아이의 감정표현을 별로 중요하게 생각하지 않거나 무시해버리는 '축소전환형' 엄마였다. 또한 엄마는 경진이가 안아달라고 끊임없이 요구하는데도 설거지가 더 우선이었다. "좀만 하면 돼, 좀만 하면 돼, 엄마가 빨리하고 안아줄게." 하지만 설거지가 끝나고 이제 엄마가 안아줄 거라는 기대를 하고 있는 경진이에게 엄마는 기습적으로 뿌리는 목감기 약을 입안에 발사했다. 엄마한테는 안아달라는 아이의 간절한 외침보다 설거지를 끝내고 아이에게 약을 먹여야 한다는 사실이 더 중요했기 때문이다. 이렇듯 엄마한테 뭔가를 요구했는데 거절당하고 수용되지 않는 경험은 아이들 스스로 엄마가 나를 사랑하지 않는다고 생각하게 만들기 쉽다. 부모가 나를 사랑하지 않는다는 것은 아이에게는 생존을 위협받는 일이나 마찬가지다. 결국 엄마의 태도가 경진이를 '악'녀로 만든 것이다.

아빠와 가족 사이의 보이지 않는 벽

경진이와 엄마가 하루 종일 '악' 소리로 신경전을 벌이고 있을 때, 아빠의 대처법이 놀라웠다. 처음에는 경진이를 좀 달래는가 싶더니 모든 걸 아내한테 맡기고, 텔레비전만 보았다. 병원에 진료를 받으러 갔을 때도 다른 사람 진료가 끝나기도 전에 경진이가 먼저 들어가겠다고 난리를 치자, 아빠는 마치 엄마와 경진이를 모르는 사람인냥 멀찍이 떨어져 구경만 했다. 평소 아빠는 비교적 감정표현을 억제하는 편인데다 경진이가 극도로 격한 감정표현을 하면 굉장히 당황하는 성격이었다. 그리고 어떤 문제 상황이 생기면 해결하려고 하지 않고 꽁무니를 빼기 일쑤였다. 결국 하루 종일 '악' 소리를 내는 경진이는 아이의 감정을 철저히 외면한 엄마와 아빠의 합작품이라고 할 수 있었다.

"아이가 이 상태로 계속 자라면 문제가 많이 생길 겁니다. 어느 날 갑자기 아이는 입을 딱 닫아버리고 더 이상 부모한테 아무것도 요구하지 않는, 부모와 소통하지 않는 아이가 될 것입니다."

– 오은영 소아청소년정신과 전문의

아이와 주파수 맞추기

지금까지 엄마는 아이의 감정을 읽어주기보다 엄마의 할 일이 우선이었다. 이제부터는 일상의 모든 주파수를 아이에게 맞춰야 한다. 아직 말문이 트이지 않아 아이의 발음이 부정확하긴 하지만 평소보다 조금만 더 아이의 말과 행동에 관심을 기울이면 아이가 무엇을 원하는지 금방 알 수 있다. 놀랍게도 솔루션을 시작한 지 단 하루 만에 경진이는 '악' 소리를 한 번도 내지 않게 되었다.

자해 행동을 멈추게 하는 아이의 마음 읽어주기

아이가 무언가를 요구할 때 그냥 들어주는 것이 아니라 아이의 말을 수긍해주는 것이 중요하다. 예를 들어 경진이가 흔들이 말을 타고 싶다고 손짓을 하면 그냥 들어주는 게 아니라 "이거 타고 싶어? 아, 경진이가 말을 타고 싶구나" 하고 한 번 더 아이의 말을 수긍해준다. 그러면 아이는 '내가 엄마와 아빠한테 인정받고 있구나. 내 의견이 받아들여지고 있구나' 라고 느낀다. 또한, 아이가 자해를 하

산만하고 폭력적인
우리 아이

거나 주변 사람들을 때리는 것은 마음이 진정이 안 되고 극도로 불편해졌을 때 하는 행동이다. 이때는 엄하게 훈육을 하는 것보다는 가볍게 안아서 등을 토닥여준다든가 어루만져주는 것이 좋다. 아이가 흔들이 말 위에서만 잠을 잔다고 고집을 피웠던 이유는 마음이 불안하거나 불편할 때 늘 흔들이 말 위에서 진정시키는 경험을 해왔기 때문이다. 이제부터는 흔들이 말이 아닌 엄마와 아빠의 품에서 마음을 안정시키는 법을 알려줘야 한다.

엄마, 육아의 기초 다시 배우기

아이를 사랑한다는 마음만으로 아이를 잘 키울 수는 없다. 그동안 마음만 앞섰던 엄마, 간단하지만 간과하기 쉬운 육아의 기초를 다시 배우기 시작했다.

육아의 달인 되기 4계명

1 아이 입에 밥을 떠먹여주기보다 스스로 먹게끔 도와준다.
2 아이가 잠이 들 때까지 안고 가볍게 흔들어준다.
3 무조건 아이의 요구를 들어주기보다 안 될 때는 안 된다고 분명하게 말을 하고 이해시킨다.
4 목욕이 끝난 후, 가벼운 마사지로 아이의 몸과 마음의 긴장을 낮춰준다.

감정 코칭 훈육법

지금까지 엄마와 아빠는 아이가 '악' 소리를 지르고 자해 행동을 하거나 무언가를 요구하면 무조건 받아줬다. 하지만 아이의 잘못된 행동은 그때 그때 바로 잡아주는 것이 좋다. 또한, 엄마가 화가 났을 때는 무조건 참 거나 회피하지 말고 화를 표현하는 것도 중요하다. 엄마가 왜 화가 났는 지 아이한테 말로 차근차근 설명해주면, 아이의 언어표현이 늘고 이해력이 깊어질 수 있다.

엄마는 늘 경진이 몰래 입안에다 기습 적으로 감기약을 발사했다. 그런 엄마 때문에 경진이는 약만 먹고 나면 더 폭 력적인 아이로 변했다. 아이의 말에 귀를 기울여주고 약을 먹기 힘 들어하는 아이의 마음을 읽어주자, 이제는 엄마의 약 먹자는 말 한 마디에 경진이가 먼저 다가와 입을 벌린다. 뿐만 아니라 흔들이 말 이 없으면 한숨도 못 자던 경진이가 이제는 엄마와 아빠 옆에서만 자려고 한다. 아빠 역시 혼자만 즐기던 야구장 나들이를 가족들과 함께 즐기며 좋은 아빠가 되기 위해 노력하고 있었다. 엄마와 아빠 가 눈빛과 마음으로 말해주는 사랑이 아이를 웃게 하는 마법이 되 었다.

제 뜻대로 안 되면
무조건 자해와 폭력으로
위협해요

천상천하 유아독존

3살 지원이의 첫인상은 깜찍함 그 자체였다. 현란한 댄스 실력에 해
맑은 얼굴. 이런 지원이의 입에서 그토록 걸쭉한 욕설이 터져 나올
줄은 그 누구도 예상하지 못했다. 감기 때문에 심하게 낀 눈곱을 떼
어주려는 엄마에게 "다 죽여버릴 거야. XX"이라고 소리를 지르더
니 밑도 끝도 없이 엄마의 머리채를 잡고 흔들기까지 한다. 이럴 땐
더 이상 건드리지 않고 내버려두는 게 상책인데, 벌써 두 개나 먹은
아이스크림을 또 달라고 고집을 부릴 때는 엄마도 한마디 더 안 할
수가 없다. 하지만 뭐든지 제 뜻대로 하지 못하면, 쌍시옷을 남발하
는 욕설에 제 머리를 쥐어뜯고 가슴을 향해 주먹질을 하는 자해를

서슴지 않는 탓에 엄마는 늘 지원이에게 질 수밖에 없었다. 10살 위인 언니 지수가 하교를 하면, 그때부터 지원이의 밥은 언니가 된다. 언니를 보자마자 "이 썩을 놈아, 내 거야!" 뭔지 보지도 않고 언니가 들고 있는 노트를 뺏으려고 달려들더니, 언니가 방으로 도망가자 끝끝내 쫓아가 암팡지게 노트를 빼앗는다. 한두 번 있는 일이 아니기에 차라리 새 노트를 사오는 게 낫겠다 싶은 언니가 문구점에 가려고 나섰다. 그러자 이번엔 자기도 따라가겠다고 현관 앞에 드러눕는데, 따라갔다가는 또 어떤 난리를 칠지 눈에 훤하기에 엄마가 지원이를 잡고 있는 사이 언니가 서둘러 집을 빠져나간다. 그러자 대소변 다 가릴 줄 알면서도 보란듯이 현관 앞에다 소변을 지리면서 분풀이를 한다. 결국 문구점 앞까지 갔던 언니가 엄마의 호출을 받고 다시 집으로 돌아올 수밖에 없었는데, 10살 언니하고도 이렇게 맞짱을 뜨니, 놀이터에 가면 그야말로 동네 깡패가 따로 없었다. 미끄럼틀 운전대를 친구가 먼저 잡았다고 친구의 머리채를 사정없이 잡고 흔들더니, 친구가 다른 놀이기구를 타려고 하자 쫓아가 눈을 부릅뜨고 뺏는다. 처음 보는 친구도 예외는 아니다. 다 같이 노는 공간에서 혼자만 놀이기구를 독차지하겠다고 생떼를 부리고, 같이 타자고 미끄럼틀로 올라오는 친구의 얼굴에 거침없는 하이킥을 날린다. 심지어 태권도복을 입은 오빠들 앞에서도 움츠러들지 않고 오빠가 타는 그네를 무조건 자기가 타겠다며 고집을 부린다. 세상 천지 자기밖에 모르는 지원이, 어떻게 하면 좋을까?

산만하고 폭력적인
우리 아이

큰딸을 양육의 조력자로 이용하고 있는 엄마

가족의 심리 상태를 검사하기 위해 상담소를 찾은 날 뜻밖의 상황이 벌어졌다. 엄마와 함께 검사실에 들어간 지원이가 검사에 집중하기를 거부하더니 무조건 언니만 찾으며 울기 시작했다. 결국 다른 방에서 검사를 하고 있던 언니가 나와 울고 있는 지원이를 안고 달래주었다. 놀랍게도 낯선 곳에서 불안해진 지원이를 달랠 수 있는 사람은 엄마가 아니라 언니였다.

지원이네 집에서는 가족 구성원의 역할이 서로 뒤바뀌어, 엄마 역할을 엄마가 아닌 언니가 하고 있었다. 언니는 엄마처럼 동생을 돌보기도 하고, 잘못된 행동에 대해 훈육도 했다. 반면, 엄마는 아이들과 일대일의 수평 관계였다. 부모가 아니라 친구 같은 관계로 대하다 보니, 엄마는 적극적으로 양육에 개입하지 못하고 늘 뒤로 물러나 있었다.

> "엄마는 큰딸 지수를 양육의 조력자로 이용하고 있습니다. 엄마의 위치에 큰딸이 올라가 있어요. 건강한 가족은 가족 구성원 각각이 자기 역할을 제대로 할 수 있어야 합니다."
>
> **– 오은영 소아청소년정신과 전문의**

친구 같은 엄마의 미숙한 양육

그렇다면 엄마는 왜 부모로서의 위치를 잃은 것일까? 엄마는 이른 나이에 결혼을 한 탓에 주변에 친구들이 별로 없었다. 대신 큰딸을 친구처럼 의지하고 지냈는데, 아무리 동생을 잘 돌본다고 해도 큰딸은 아직 13살밖에 안 된 어린아이였다. 때문에 동생을 돌보고 훈육하는 데 무리가 있을 수밖에 없었다. 지원이는 장난감을 꺼내 놀고 싶은데, 방이 어질러지는 게 싫은 언니가 안 된다고 가로막는다. 무조건 안 된다고 가로막을 일이 아니지만, 아직 어린 언니가 엄마 노릇을 하다 보니 어떻게 해야 하는지 제대로 판단이 서지 않았다. 그럴수록 지원이의 떼는 점점 더 심해졌는데, 그 소리에 놀란 엄마가 들어왔지만 엄마는 사태 파악이나 중재 대신 엉뚱하게도 김밥을 싸자는 말로 조용히 상황을 무마하려고만 했다. 결국 자매의 분쟁에 끌려다니기만 하는 엄마의 행동은, 상대에게 지나치게 좋은 모습만 보이려는 큰딸과 자기밖에 모르고 다른 사람의 감정과 입장을 전혀 배려하지 않는 지원이를 만드는 원인이 되었다.

우리 아이를 달라지게 하는 완벽 솔루션

엄마와 딸의 모범적인 롤 모델 보여주기

아이 앞에서는 기침도 함부로 못한다는 말처럼 아이는 스펀지같이 세상을 흡수하고 빨아들인다. 지원이처럼 언니가 하는 행동을 그대로 따라 하고, 흉내 내기를 좋아하는 아이들은 엄마와 딸의 모범적인 롤 모델을 보여주면 좋은 효과를 거둘 수 있다.

이제부터는 양육의 모든 것을 엄마가 담당하기로 약속했다. 그리고 엄마는 그동안 양육의 일부를 맡겨 미안했다고 큰딸에게 편지를 썼다. 또한 한 방에 지원이의 장난감과 언니의 책상이 함께 있어 서로 불편하고 부딪힐 일이 더 많았던 자매를 위해 각자의 독립된 공간을 따로 만들어주었다.

욕 대신 긍정적인 표현 배우기

3살이라는 나이는 언어를 배우고 익히는 중요한 시기다. 욕이나 주먹보다 부정적인 감정을 표현할 수 있는 언어들을 배워 자신의 감정을 잘 표현할 수 있도록 가르치면 언어 순화에 도움이 된다.

규칙과 질서 배우기

또래 아이들이 어떻게 질서를 지키고 어떤 놀이를 하는지 직접 보고 경험하는 과정이 중요하다. 이 과정을 통해 아이는 사회의 일원이 되고 사회성을 배울 수 있는데, 이때 어린이집은 더없이 좋은 장소다. 사회적으로 통용되는 규범이 내재화되기 위해서는 지속적인 노력이 필요하다.

우리 아이에게 맞는 맞춤 키 잡기

아이의 말에 흔들리지 않는 훈육법

한 번 폭발하면 제어가 안 되는 탓에 그동안 엄마는 지원이가 잘못된 행동을 해도 달래기에만 급급했고, 그럴수록 지원이는 더욱 엇나가기만 했다. 여느 때처럼 또 지원이가 스케치북을 독차지하겠다고 욕심을 부린다. 그러나 오늘은 엄마가 그냥 넘어가지 않고 단호히 훈육을 하기로 마음먹었다. 하지만 훈육이 처음이다 보니 아이를 마주 보고 앉히는 것조차 쉽지가 않았다. 결국 보다 못한 전문가가 직접 훈육에 나섰는데, "엄마가 밥을 줬어요. 김치하고" 전문가의 관심을 돌리기 위해 지원이가 계속해서 엉뚱한 소리를 한다. 이런 경우 엄마와 언니가 지켜보는 게 오히려 훈육에 방해가 될 수 있다. 그런데 엄마와 언니가 자리를 비키자 지원이의 반항이 더욱 거세졌다. "죽어! 못 살아. 엄마 때문에 살기 싫어. 엄마 나 못 살아!" 엄마와 언니 가슴에 콕콕 박힐 아픈 소리들을 하며 3시간이 지나도록 진정할 기미를 보이지 않았는데, 단 한 번도 고집을 꺾어본 적이 없는 터라 그 어느 때보다 힘겹고 더딘 훈육의 시간이었다. 하지만 자신이 어떤 행동을 해도 앞에 앉아 있는 전문가가 절대 흔들리지 않을 거라는 걸 스스로 깨닫자 거짓말처럼 고집을 꺾었다. 지원이는 난생처음 훈육을 통해 안 되는 것을 경험하고 배웠다.

우리 아이 어떻게 달라졌을까?

개선 10일 만에 바뀐 지원이의 놀라운 모습! 쓱싹쓱싹 세수도 혼자 하고, 엄마가 밥상을 차릴 때는 반찬 그릇을 가지런히 놓을 줄도 알게 되었다. 언니가 공부하는 동안에는 엄마와 놀며 돈독한 애정도 새로 쌓게 되었다. 폭력과 자해 대신 예쁜 짓 하는 막내딸 덕에 집안에서는 웃음소리가 끊이질 않는 지원이네. 지원이네 가족의 행복한 이야기는 이제부터 시작이다.

산만하고 폭력적인
우리 아이

어른 잡는
공포의 파이터예요

엄마는 나의 샌드백

제작진이 경호를 만나러 간 첫날 엄마는 인사 대신 "조심하세요. 저러다 확 던져요"라는 주의의 말을 먼저 건넸다. 그때 경호는 혼자 거실에 앉아 블록 놀이를 하고 있었는데, 엄마 말이 끝나기 무섭게 들고 있던 블록을 제작진을 향해 집어던졌다. 엄마가 그런 경호를 말리자 "이런 XX. 꺼져, XX!"라는 육두문자와 함께 다과상을 뒤엎어버렸다. 그러더니 무슨 막장 드라마의 한 장면도 아니고 기습적으로 엄마의 뺨을 때리고 머리채를 잡고 휘둘렀는데, 4살짜리 아들에게 머리채를 잡히고 얼굴이 빨개지도록 따귀를 맞는 엄마를 보자 뉴스에 나오는 매 맞는 부모의 이야기가 남의 일 같지가 않았다.

이런 경호의 폭력은 일상 곳곳에서 시도 때도 없이 터져 나왔다. 밥 먹자고 누워 있는 경호를 일으킨 것뿐인데, 왜 일으켰느냐며 괴성을 지르고 밥그릇이며 반찬 그릇을 죄다 바닥에 쏟아버렸다. 그런데 남을 때릴 때는 그렇게 무지막지하게 때리더니, 제 몸에 대해서는 엄청 엄살을 부렸다. 씻기를 거부하는 경호를 맴매로 위협해 겨우 욕실로 데리고 들어가자 양치질을 해도 아프다 세수를 해도 아프다, 그러더니 빨래를 담가놓은 세숫대야 안에다 소변을 지리며 분노를 표출했다.

다행히 이런 경호의 폭력성은 아빠가 퇴근해 집에 오면 조금 누그러들었다. 그러나 밥도 안 먹고 아빠 품에 안겨 컴퓨터 게임만 하더니 옆에 있던 형이 컴퓨터를 만졌다고 또다시 형을 향해 거침없는 욕설을 퍼붓는다. 급기야 키보드까지 내던지며 생난리를 치는데 한 번 수가 틀리면 삼촌, 할아버지, 할머니가 나서도 감당이 안 되는 4살 경호. 도대체 무엇이 문제일까?

공격적인 행동은 감정을 표현하기 위한 수단

다양한 종류의 감정을 느끼고, 느낀 감정을 표현하는 것을 감정분화라고 한다. 그런데 배가 고프면 배가 고프다고 표현하는 게 아니라, 화를 내거나 공격적인 행동으로 표현하는 사람은 감정분화가 안 된 것이다.

"화가 나도 때리고, 짜증이 나도 때리고, 마음에 안 들어도 때리고, 이런 다양한 형태의 공격적인 행동은 상대방을 공격하기 위한 목적이 아니라 경호 자신의 감정을 표현하기 위한 수단입니다."

— 오은영 소아청소년정신과 전문의

그렇다면 경호는 왜 모든 감정표현을 공격적으로 하는 것일까? 온 가족이 모여 앉은 저녁 시간, 여느 때처럼 경호가 엄마의 팔을 물며 공격적으로 행동했다. 이번에는 말리는 아빠의 뺨까지 때리며 무차별 주먹을 날리는데, 지켜보는 가족의 반응이 흥미로웠다.

아빠: 때려, 또 때려 봐. 때렸어, 지금?
할머니: 잘한다. 아이고, 잘한다. 더 해, 옳지!
엄마: 더 해. 더 해!

어른들은 경호가 주먹질을 할 때마다 놀리듯 더 하라고 부추기고 있었다. 그럴수록 경호의 공격적인 행동은 더욱 과격해졌는데, 심지어 엄마는 경호가 욕을 하자 그 욕을 그대로 따라 하며 경호가 무슨 욕을 했는지 되짚어주기까지 했다. 어른들은 떼 좀 그만 쓰라는 의미로 하는 말이었지만 그렇게 아이를 빈정대면 빈정댈수록 경호의 분노는 극에 달했다.

"아이가 조금 화를 추슬러 보려고 했는데 또 옆에서 놀리듯 한마디씩 거드니까 불이 확 오르고, 결국 부아가 나서 성질이 폭발하게 되는 거죠. 그래서는 아이는 감정 조절을 절대 못 배웁니다."

— 오은영 소아청소년정신과 전문의

부모의 공격적인 행동이 아이의 공격성 강화

경호의 엄마와 아빠는 신혼 초부터 성격적으로 부딪히는 게 많았다. 욕은 기본이고 몸싸움도 서슴지 않았다. 그럴 때마다 엄마는 경호를 때리며 같이 죽자는 극단적인 말을 자주 했는데, 이렇게 생활의 면면에 숨어들어 있는 공격적이고 폭력적인 행동이나 언어는 경호의 공격적인 행동을 강화시키고 부추겼다.

이런 폭력은 학습되는 측면이 강하다. 엄마와 아빠의 평소 행동을 보면 기분 좋은 상황에서도 아이의 귀를 잡아당기고 툭툭 때리는 등의 폭력적인 행동이 많았는데, 무심코 벌어지는 폭력적인 환경이 아이의 공격성을 습관화시킨다는 것을 알아야 한다.

우리 아이를 달라지게 하는 완벽 솔루션

아이 앞에서 행복한 부모의 모습 보여주기

더 이상은 아이가 부모의 폭력이나 공격적인 행동, 언행을 경험하지 않게 한다. 다소 과장되더라도 아이 앞에서 부모는 서로 사랑하고 있다는 감정표현을 적극적으로 한다. 부모의 다정한 모습은 아이의 성적·정체성 발달에 도움을 주고, 아이의 폭력성을 완화시킨다.

언어 교정

말보다 욕이 앞서는 아이에게는 부정적인 상황에 할 수 있는 적절하고 구체적인 대체어를 알려준다. '배고프다', '불편하다', '답답하다' 등 다양한 감정표현을 폭력이 아닌 표정과 언어로 표현할 수 있도록 도와준다. 또한 이제부터는 아이 앞에서 반어법을 사용하는 것은 절대 금지다.

긍정적 상호작용

4~5세 연령의 아이가 컴퓨터 오락이나 장난감 등으로 혼자 놀기에 익숙해지면 타인과의 감정 교류에 서툰 아동으로 성장하기 쉽다. 부모와 함께하는 다양한 놀이를 통해 아이에게 타인과의 긍정적인 상호작용 방법을 알려주도록 한다.

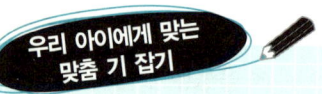

우리 아이에게 맞는
맞춤 기 잡기

엄마가 먼저 흥분하지 않는 훈육법

경호는 먹기 싫다는 표현도 공격적으로 하는 아이다. 그런데 경호에게 속수무책으로 당하다 보면 엄마 역시 화부터 내기 일쑤였다. 그러나 엄마가 화를 내거나 성질을 내기 시작하면 그때부터는 교육이 아니라 전쟁이 된다. 아이가 공격적으로 행동할 때는 아이의 양팔을 가볍게, 아프지 않게 잡고 "경호야, 이거는 절대 하면 안 되는 행동이야"라고 말한 뒤, 가만히 아이를 쳐다본다. 그러자 엄살 대마왕 경호가 아프다고 엄살을 피운다. 하지만 고집 꺾기 자세는 아이가 엄마 몸에 쏙 들어가 있기 때문에 사실 하나도 아프지 않다.

이때 또 한 가지 주의할 점은 아이에게 너무 부드럽게 말하면 아이가 훈육이라고 생각하지 않으므로 "그만! 진정될 때까지 안 놔줄 거야"라고 단호하게 말해야 한다. 그런 후 아이가 울음을 그치고 엄마의 눈을 똑바로 쳐다보면, 그때 짧고 간결한 말로 아이와 다시는 그러지 않겠다는 약속을 한다.

집 안팎에서 민폐를 끼치는 경호 때문에 그동안 가족은 외식 한 번 제대로 해 본 적이 없었다. 솔루션 마지막 날 가족은 모처럼 외식에 나섰다. 그런데 과거 경호처럼 음식점을 휘젓고 다니며 말썽을 부리는 아이가 경호 앞에 나타났다. 아이의 행동을 보면 잊고 있던 문제 행동이 다시 나오지 않을까 가족들은 조마조마했는데, "하지 마! 안 돼!" 하며 오히려 경호가 아이를 말리기 시작했다. 때리고 욕하는 말썽꾸러기에서 사랑스러운 귀염둥이로 거듭난 경호, 이제 경호네 집에는 웃음과 사랑만이 가득할 것이다.

산만하고 폭력적인
우리 아이

아무한테나
소리를 지르고
호통을 쳐요

호통의 지존

엄마가 감기로 고생 중인 민석이를 데리고 동네 약국을 찾았다. 그런데 아파서 약 사러온 아이가 갑자기 약국 벽을 발로 뻥뻥 차더니, 약 대신 사탕을 내놓으라며 7옥타브 목청으로 약사를 호령한다. 아픈 아이한테 사탕은 안 된다고 하자 이번엔 휴지통을 발로 차며 온갖 오버액션을 취하는데 약 사러 와서 이 무슨 민폐 행동인지 엄마가 급히 민석이를 데리고 밖으로 나온다.

장을 보기 위해 들른 마트에서도 민석이의 호통과 민폐 행동은 계속되었다. 멀쩡한 과자 탑을 우르르 무너뜨리더니 시식 코너 앞에서는 한 입 먹은 두부를 그대로 바닥에 뱉고 맛이 없다며 발로 짓

이긴다. 그러더니 이번엔 바닥에 떨어진 두부를 다시 주워내라 호통을 치는데 아이가 배가 고파서 그러나, 엄마가 집에 오자마자 밥을 차려주었지만 밥은 먹는 둥 마는 둥 장난만 치더니 제대로 먹으라는 말 한마디 했다고 식탁 유리를 포크로 찍어 금을 내고 말았다. 더 이상 참기 힘든 엄마가 훈육에 들어가자 '너는 떠들어라, 나는 기침한다' 꿋꿋이 딴청이다. 그러더니 이번엔 CD 두 장을 동시에 돌리겠다고 고집을 부린다. 그러면 기계가 고장 나서 안 된다고 하자 엄마의 손과 어깨를 살벌하게 물며 반항을 한다. 아무한테나 소리를 지르고 고집대로 하는 행동은 친구들하고 있을 때에도 예외가 아니었다. 어린이집에서 돌아오는 길, 싫다는 친구를 우격다짐으로 집에 데리고 와놓고는 친구가 가지고 노는 블록 하나하나에 시비를 건다. 억지로 데리고 왔으면 잘 대해줘도 시원찮을 판에 고래고래 벼락 호통까지 치더니 급기야 친구가 가지고 노는 블록을 짓밟아 부서뜨린다. 친구가 울음을 터뜨리자 더 큰 호통으로 친구를 무안하게 하는데, 말리는 엄마의 멱살까지 잡으며 욕설과 호통을 멈추지 않는 민석이. 대체 무엇이 문제인 걸까?

아빠와 함께 있을 땐 얌전한 굿보이

놀랍게도 아빠하고 함께 있을 때 민석이의 행동은 180도 달랐다. 엄마를 꼬집고 물고 호통치던 모습은 온데간데없고, 아빠의 눈치를 보며 얌전히 밥을 먹었다. 두 얼굴의 사나이 민석이, 아이는 왜 엄마와 있을 때와 아빠와 있을 때 다른 반응을 보이는 걸까?

산만하고 폭력적인
우리 아이

민석이의 마음을 알아보기 위해 똑같은 상황, 다른 모습의 실험자를 보고 민석이가 어떤 반응을 보이는지 알아보기로 했다. 먼저 평범한 모습의 실험맨이 민석이한테 다가가 함께 놀자고 하자 "야! 너 나한테 그러면 죽는다! 싫어!" 막무가내로 "야, 가!" 호통부터 치더니, 험악한 모습의 실험맨이 강압적이고 무서운 분위기를 조성하며 민석이에게 다가가자 좀 전의 모습과는 달리 겁에 잔뜩 질려 끽 소리도 못 낸다. 민석이는 상대가 누구냐에 따라 극과 극의 반응을 보이는 아이였다.

> "민석이는 일상생활을 자기 방식대로만 하려고 합니다. 자기가 다 장악하고 지배하고 있어야 되지요. 그러나 사실 민석이는 겁이 많고, 불안해하고, 두려움이 많은 아이입니다."
>
> **- 오은영 소아청소년정신과 전문의**

두려움이 많은 아이가 과잉 보상이 되면 굉장히 지배적이고 자기 과시적인 아이가 된다. 자신의 의견이 거부당했을 때 민석이는 순간적으로 감정을 폭발시키고 버럭 화를 내고 있지만, 사실은 자기의 컨트롤 안으로 들어오지 않기 때문에 겁이 나고 불안해서 공포의 마음이 커진 것이다.

부부 사이의 문제가 아이 문제의 원인

민석이는 유독 엄마에게만 화를 내고 호통을 쳤다. 그 이유는 엄마

우리 아이가
달라졌어요

에게 부모로서의 권위를 찾을 수 없고, 엄마 자체도 아이를 제대로 제어하지 못했기 때문인데 특히, 수시로 하는 어설픈 훈육은 허점 투성이었다. 두 번째 원인은 아빠가 엄마를 대하는 태도 때문이었다. 민석이의 엄마와 아빠는 사소한 문제로도 자주 다퉜다. 물건 하나를 치우는 데도 치우고 싶은 사람이 직접 치우라는 엄마와 심란하니까 빨리 치우라는 아빠의 의견이 팽팽하게 엇갈렸다. 그럴 때마다 집안에서는 큰소리가 나고 민석이는 아빠가 나도 언제 저렇게 공격할지도 모른다는 불안감에 휩싸이게 됐다. 그렇기 때문에 막강한 공격자 아빠를 대할 때 민석이의 태도는 딱 두 가지였다. 꼬리를 내리고 아부를 하거나 안전하게 멀리 떨어져 거리를 유지하는 것이었다. 그러나 지금은 아이가 자기보다 힘이 센 아빠의 말을 듣지만, 후에 자기가 힘이 더 세다고 느끼면 행동은 달라진다. 이런 아이들은 약자한테는 절대로 지지 않으려 하고 굴복하지 않는다. 그렇기 때문에 지금 엄마한테 한 것 이상으로 아빠를 무시하고 복수를 할 가능성이 크다.

엄마의 권위 찾기

바닥에 떨어진 엄마의 지도력과 권위를 다시 찾기 위해서 아빠가 나섰다. 아빠가 엄마를 존중해주고 배우자로서 잘 대해줘야 집안에서 힘의 균형이 이뤄지고, 아이가 편안해질 수 있다. 아빠의 이런 행동은 아이들이 자연스레 엄마를 존중하고 존경하게 만든다는 것

산만하고 폭력적인
우리 아이

을 잊지 말자.

우리 아빠가 달라졌어요

엄마의 권위를 되찾았다면 늘 무섭고 두려운 존재라고만 인식되었던 아빠를 부드럽고 민석이를 사랑하는 존재라고 인식시켜야 한다. 그러기 위해서는 그동안 아빠가 했던 방법들을 청산하겠노라고 아이 앞에서 다짐한 뒤 화해하고 용서를 비는 시간을 꼭 가져야 한다. 또한 아이와 아빠의 감정분화 연습이 필요하다. '마음 전달장'을 만들어 아빠가 가족을 사랑하고 있다는 메시지를 수시로 표현한다.

호통 치는 아이를 위한 맞춤 놀이법

민석이가 자꾸 친구들을 지배하려는 것은 근본적으로 마음이 무섭고 불안해 겁이 나기 때문이다. 그러나 제대로 된 규칙을 배우면 아이는 그 규칙을 지키면서 마음이 편안해진다. 아이가 친구에게 "내가 해줄게", "이리 와" 하면서 잡아끌거나 지시를 할 때 "안 돼!", "혼나!", "왜 그래!"부터 하는 것이 아니라 아이의 마음을 먼저 읽어주고 수위를 한 단계 낮춰주는 연습을 시켜준다.

> **칭찬 놀이**
> 친구에게 칭찬을 많이 하는 사람에게 스티커를 한 장씩 붙여준다.
> 예) 너 참 잘 생겼다, 너는 참 예쁘다

이 놀이는 아이들의 자존감을 높일 뿐만 아니라 규칙도 배우고 친구들과 우정을 쌓는 데도 아주 좋은 효과를 거둘 수 있다.

권위 있는 훈육법

문제를 일으킬 때마다 훈육을 한다고 하기는 했는데, 엄마의 훈육은 아이에게 장난처럼 여겨졌다. 전문가의 코치를 받아 엄마가 처음부터 다시 훈육 자세에 돌입했다. 민석이의 물기 공격에도 엄마가 더 이상 물러서지 않자, 또다시 '엄마는 떠들어라, 나는 안 들린다' 눈을 질끈 감고 엄마를 무시해버린다. 하지만 끝까지 훈육 자세를 풀지 않고 단호한 모습으로 아이를 기다리자, 드디어 민석이가 엄마에게 집중하기 시작했다. 이때 아이가 엄마의 눈을 똘망똘망 쳐다보면 엄마의 말을 들을 준비가 되었다는 신호다. 권위 있는 훈육은 아이에게 두려움이 아닌 편안한 안정감을 느끼게 한다.

과거 모두를 공포에 떨게 만들었던 무차별 폭군 민석이가 이제 자기가 가지고 놀던 장난감은 스스로 정리하고 엄마를 도와 집 안 청소까지 하는 '굿보이'가 되었다. 아빠의 변화는 더욱 놀라웠는데, 퇴근해서 제일 먼저 하는 일은 민석이를 안고 뽀뽀하는 것이다. 이제 아빠는 더 이상 민석이에게 무섭기만 한 존재가 아니다. 이런 화목한 가정이야말로 아이에게는 천국이 아닐까?

위아래 없이
막무가내로 욕하고
침을 뱉어요

말문과 욕문이 동시에 터진 야생 소년

사계절 내내, 팬티 한 장 달랑 입고 온 동네를 누비는가 하면 위아래, 상대 가리지 않고 아무한테나 걸쭉한 욕을 퍼붓는 수훈이는 동네에서도 유명한 '야생 소년'이다. 이렇다 보니 엄마는 수훈이를 집 밖에 못 나가게 할 때가 많았는데, 집 안에 있는다고 문제 행동이 사라지는 것은 아니었다. 밖에서 타는 커다란 자전거를 집 안에서 타겠다고 꾸역꾸역 가지고 들어와서는 이리 쿵, 저리 쿵, 덕분에 집 안에는 성하게 남아 있는 가구가 하나도 없었다. 하루 종일 집안 물건을 때려 부수다 보니 아랫집, 옆집에서 시끄럽다고 쫓아오는 일은 아주 예삿일이 되었다. 지난번에 살던 집에서 이 집으로 이사를 온 이유도 이웃들의 항의가 너무 거센 탓이었는데, 이번 집에서는 또 얼마나 살고 쫓겨날지 엄마는 걱정이 이만저만이 아니다.

그런데 욕과 폭력적인 행동도 문제지만 수훈이의 전용 화장실이 거실 한복판이라는 것이 더 놀라웠다. 소변은 물론 대변까지 거실에서 해결하다 보니 야생 소년이라는 말이 괜히 붙은 게 아니었는데 가족들이 이런 수훈이를 제지하지 않은 건 아니었다. 하지만 제지를 할 때마다 더 큰 폭력으로 어른들을 때리고, 침을 뱉거나 욕을 하고, 심지어 거세게 방문을 닫고 들어가 문을 잠가버리는 통에 가족들도 두 손 두 발 다 든 상태였다. 대체 수훈이는 왜 이렇게 가족들을 힘들게 하는 것일까?

아프리카 밀림에 사는 새끼 사자

수훈이의 일상을 관찰하던 중 흥미로운 상황을 목격했다. 어린이집에 다니지 않는 수훈이가 또래 친구들을 만났는데 이건 놀자는 건지 괴롭히자고 달려드는 건지 같이 어울리자고 하는 행동들이 마치 먹잇감을 갖고 장난치는 맹수의 모습과 흡사했다. 급기야 윗옷을 벗어 던지며 위협적인 행동을 하자 결국 친구들이 하나둘 수훈이를 피하기 시작했다. 그러자 화가 난 수훈이가 다시 친구들을 향해 달려들었는데 놀랍게도 친하게 지내자고 달려들 때와 행동에 별 차이가 없었다.

"아이의 행동은 꼭 새끼 사자와 같습니다. 사자들이 장난칠 때

서로 '으앙' 하며 공격적인 방법으로 그냥 가서 건드려요. 그럼 사자들이 화를 낼 때는 어떻게 합니까? '다음엔 그러지 마' 이렇게 말로 합니까? 장난칠 때와 마찬가지로 '으앙' 하지요."

— 오은영 소아청소년정신과 전문의

교육의 부재, 야생 가족

그런데 놀랍게도 수훈이네 가족에게도 '야생 가족'이라는 진단이 내려졌다. 가족들에게 어떤 문제가 있는지 일반 가정과 비교 실험을 통해 알아봤다. 먼저 '아이의 공부를 도와주라'는 실험에 일반 가정의 부모는 아이가 좋아하는 색칠 공부를 자연스럽게 시작하며 작은 것에도 칭찬과 격려를 아끼지 않았다. 반면에, 수훈이네 가족은 수훈이가 무엇을 할 수 있고 없는지조차 제대로 알지 못해 실랑이가 벌어졌다. 두 번째로 '약주를 좋아하는 할아버지, 아이가 앞에 있다면 어떻게 하시겠습니까?'라는 실험에서 아이가 앞에 있을 땐 가급적 술을 자제한다는 일반 가정의 할아버지와 달리 수훈이 할아버지는 먼저 아이의 잔에 물을 따라 주고 할아버지 잔에도 술을 따르게 했다. 그러자 수훈이가 소주잔에 든 물을 능숙하게 '원샷' 했다.

"교육을 통해 아이는 다듬어지고, 다른 사람과 의사소통을 해야 하는데, 수훈이는 이런 사회 교육이 가정 내에서 전혀 되고 있지 않습니다."

— 오은영 소아청소년정신과 전문의

아이의 공격성을 더욱 강화시키는 할아버지

수훈이가 문제 행동을 보일 때 할아버지도 역시 말보다 손과 발이 먼저 나갔다. 사소한 것에도 감정적으로 대응하는가 하면 욕설도 서슴지 않았는데, 할아버지가 수훈이에게 하는 감정 교류의 방법은 욕 아니면 비난하는 말, 또는 폭력적인 행동 같은 공격적인 것뿐이었다.

> 할아버지: 이거 만지지 말라고 했는데, 또 만져!
> 이 XX야!
> 수훈: 할아버지 나쁜 놈.
> 할아버지: 너는 우리 집에서 쓸데없는 사람이잖아.
> 또 욕하면 혓바닥을 잘라버릴 거야!

수훈이가 할아버지를 때리는 모습과 할아버지가 수훈이를 때리는 모습이 거의 흡사했다. 뿐만 아니라 할아버지의 행동이 거칠수록 수훈이의 공격성도 더욱 거칠어졌는데, 아이들은 어른의 축소판이라는 말처럼 수훈이는 할아버지의 욕과 폭력성을 그대로 흉내 내고 있었다.

수훈이가 할아버지의 공격성을 그대로 배우는 것도 있지만, 할아버지가 수훈이의 공격성을 강화시키는 면도 많았다. 할아버지와 함께한 외출, 주변 사람과 할아버지 사이에 시비가 붙었다. 할아버지가 욕설과 고함으로 강하게 맞서자, 옆에 있던 수훈이가 할아버지를 따라 사람들에게 욕을 하기 시작했다. 그런데 놀랍게도 할아버지는 그런 수훈이가 대견스러운지 연신 머리를 쓰다듬으며 "우리 수훈이 욕하는 거 누구한테 배웠어? 우리 수훈이는 욕도 잘하네" 하며 칭찬을 아끼지 않았다.

아이를 혼낼 때만 다가오는 엄마

이렇게 아이가 할아버지를 따라 욕을 하고 폭력적인 행동을 할 때 엄마는 수훈이와 일정한 거리를 유지한 채 자기 할 일만 하고 있었다. 얼음장처럼 차가운 엄마가 수훈이에게 다가갈 때는 문제를 일으켜 혼을 낼 때뿐이었다. 때리기는 할아버지가 더 아프게 때리지만 엄마는 감정을 섞어서 때리기 때문에 수훈이는 할아버지한테 맞을 때보다 엄마한테 맞을 때 훨씬 더 큰 상처를 받았다. 이런 가족들 속에서 수훈이는 제대로 된 교육을 받을 수가 없었던 것이다.

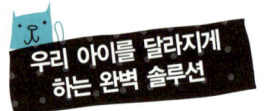

옳은 행동에 대한 동기 부여해주기

아이들은 엄마로부터 사랑을 받아야 '그래, 엄마가 시키는 거 해야지'라는 마음이 생긴다. 이것이 바로 동기다. 수훈이에게 무조건 안 된다는 부정의 말 대신 작은 일에도 아낌없는 칭찬과 옳은 행동에 대한 동기를 부여해준다.

감정 교류를 하는 놀이

평소 감정 교류가 잘 안 되는 가족들은 동화책 읽어주기와 같은 간단한 놀이부터 도전해 본다. 동화책을 읽어줄 때도 그냥 읽어주는 게 아니라 간단한 소품을 이용해 겉모습을 아이의 눈높이에 맞추고 마치 구연동화를 하듯 읽어주면, 아이의 상상력까지 높이는 교육적 효과를 기대할 수 있다.

이렇게 놀이를 통해 감정 교류가 충분히 이뤄졌다면 신체놀이를 통해 가족 간 끈끈한 결속을 다지는 것이 중요한데, 이때도 아이가 이길 수 있게 살짝 져주는 센스가 필요하다. 그랬을 때 아이가 놀이에 더 집중할 수 있다.

어른들을 위한 특별 처방 – 의성어 요법

말보다 욕이 우선인 가족들에게는 '의성어 요법'이 제격이다. 욕 대신 '우당탕탕', '딩동댕!', '으라차차'와 같은 의성어를 쓰거나, 한 발 더 나아가 드라마 속에 나오는 닭살 대사를 따라해 보면 처음에는 어색하지만 점점 말투나 행동도 드라마 속 주인공들처럼 한결 부드러워질 수 있다.

정서적으로 다가가 감정 읽어주기

보통의 부모들은 아이들이 화가 나서 울면 "왜 화가 났을까? 이리 와 봐. 엄마가 안아줄게" 한다든가 등을 토닥여주면서 감정을 읽어주는데, 수훈이네 가족은 이런 과정이 전혀 없었다. 그렇다 보니 아이는 감정적인 것을 해소하는 방법을 몰라 화가 날 때마다 공격성

49

· 산만하고 폭력적인
우리 아이

이 올라가고, 자연스럽게 욕이 튀어나왔다. 욕은 수훈이가 쓰는 일종의 감정 배출인 셈이었다. 그러나 가족들은 욕을 했다는 그 자체에만 반응했다. 수훈이처럼 사람과 상호작용하는 것을 좋아하는 아이들은 단호한 훈육보다 먼저 아이의 감정을 읽어주고 공감해주는 것이 더 필요하다.

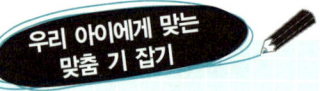

할아버지와 할머니가 할 수 있는 고집 꺾기

연세가 많으신 할아버지와 할머니는 아이들을 훈육하기가 쉽지 않다. 하지만 부득이하게 아이를 훈육할 수밖에 없는 상황이 생기면 딱 3단계만 기억하면 된다. 먼저 조용히 "수훈아!" 하고 아이의 이름을 부른다. 이때도 여러 번 부를 필요 없이 딱 한 번만 부르면 된다. 그런 다음 아이의 손을 잡고 아이가 진정할 때까지 지켜보는데, 아이가 무엇을 하든 절대 대응하지 않고 가만히 쳐다보기만 한다. 그리고 아이가 어느 정도 진정이 되면, "그렇게 하면 안 되는 거야"라고 딱 한마디만 더 하면 된다.

얼마 전부터 수훈이는 어린이집에 다니기 시작했다. 더 이상 또래 친구들에게 공격적으로 대하지 않는 수훈이는 어린이집에서 최고의 '인기남'이 되었는데, 할아버지 역시 '욱'

하는 공격성 대신 이웃을 배려하는 놀라운 변화를 보였다. 수훈이
네 행복 스토리는 이제부터가 시작이다.

2

떼가 심하고
고집이 센
우리 아이

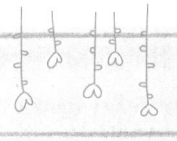

고집대로 안 되면
바닥에 머리를 찧어요

욕구 조절이 안 되는 야생 소녀

4살 혜영이의 의사 표시 방법은 바닥에 머리를 '꽈당' 박는 것이다. 아침에 어린이집에 가기 싫은데 일어나라고 하면 앞으로 꽈당, 뒤로 꽈당, 옆으로 꽈당, 엄마 보란 듯이 바닥에 머리를 박으며 어린이집에 가기 싫다는 의사 표시를 한다. 힘들게 등원 준비를 하고 나와서는 어린이집 대신 놀이터로 질주해 난생처음 보는 언니의 멱살을 잡고 그네에서 내려와라 난리를 치는데 엄마가 그만 가자고 하면 또 다시 바닥에 머리를 쿵쿵 찧으며 싫다는 무언의 의사 표시를 한다. 아빠라고 혜영이의 '꽈당'을 제어할 수 있는 것은 아니다. 혜영이의 하원은 엄마보다 일찍 퇴근하는 아빠의 몫이었는데 무슨 이유 때문인지 혜영이가 아빠를 보자 꼬집고 물며 공격을 한다. 그러더니 아빠가 보는 텔레비전을 꺼버린다. 여기서 더 혜영이의 심기를 건드렸다가는 '꽈당' 하는 특기가 또 나올 것 같아 아빠는 슬그머니 집 밖으로 몸을 피신한다. 그러자 아빠를 쫓아 나온 혜영이가 아무 가게로나 들어가 애꿎은 과일을 길 바닥에 내던지고 진열된 물건을 잡히는 대로 내던지기 시작한다. 그만하라고 하자 또 다시 괴성과 함께 바닥에 머리를 '꽈당' 박으며 저항을 하는데 이렇다 보니 혜영이는 동네에서도 모르는 사람이 없는 유명인사였다.

그런데 하루 종일 괴성에 자해, 민폐를 부리고도 부족한지 잠잘 시간이 훨씬 지났는데도 혜영이가 잘 생각을 하지 않는다. 아까는 그렇게 바득바득 텔레비전을 못 보게 하더니 불 끄고 누우니까 볼륨까지 최고로 높이고 아빠한테 텔레비전을 보라며 말을 시킨다. 하지만 내일 아침 일찍 출근해야 하는 아빠는 일이 더 커지기 전에 작은 방으로 얼른 몸을 피신하는데 그런다고 포기할 혜영이가 아니다. 이번엔 엄마가 자고 있는 방문과 아빠가 들어간 작은 방문을 번갈아가며 쾅쾅 열고 닫으며 건물 전체를 뒤흔들기 시작한다. 말 그대로 아침에 눈 뜨면서부터 잠들 때까지 엄마와 아빠의 진을 쏙 빼놓는 혜영이, 대체 무엇이 문제인 걸까?

언어 발달의 문제가 공격성을 강화시켰다

언어 발달 검사 결과 혜영이의 언어 이해는 16개월, 언어 표현은 15개월 수준이라는 진단이 나왔다. 혜영이의 현재 언어 수준은 나이보다

떼가 심하고 고집이 센
우리 아이

무려 19개월이나 늦은 심각한 상태로 언어 치료가 시급했다.

"만 3세가 넘으면 궁금한 것도 많아지고 표현하고 싶은 것도 많아집니다. 그래서 이것저것 자꾸 물어보고 싶고 자기 의사를 잘 전달하고 싶어 하죠. 그런데 혜영이는 의사 전달이 잘 안 되다 보니, 이런 상황이 혜영이의 공격적인 행동을 증폭시키고 부추겼다고 볼 수 있습니다."

- 오은영 소아청소년정신과 전문의

그렇다면 보통 34개월 아이들의 언어 실력은 어느 정도나 될까? 혜영이와 비슷한 또래 아이들을 대상으로 언어 비교 실험을 했다. 먼저, 이름이 무엇이냐는 간단한 질문에 거침없이 자기 이름을 말하는 아이들과 달리 혜영이는 한마디도 하지 못했다. 다음으로 4살의 보통 아이들이라면 모두 한다는 지시어 '반짝반짝'을 시켜보았다. 노래와 율동까지 곁들여 신 나게 '반짝반짝'을 하는 아이들과 달리 혜영이는 시종일관 멍한 상태로 꼼짝도 하지 않았다. 혹시 단어는 아는데 수줍어서 말을 못 하는 건 아닌지 '카드 가져오기' 게임을 했는데, 역시 지목한 카드를 척척 가져오는 다른 아이들과 달리 혜영이는 '기차', '잠자리'와 같은 간단한 단어를 맞추는 것조차 힘들어했다.

그렇다면 혹시 발달 자체에 문제가 있는 건 아닌지 다각적인 지능 검사를 실시했다. 놀랍게도 파란색 조각을 모양대로 맞추는 행동 발달 검사에서는 단 한 번의 흐트러짐 없이 모든 과제를 적극적으로 해냈다. 그런데 그림을 보고 사물의 이름을 말하는 언어 검사가 시작되자, 갑자기 바닥에 머리를 찧으며 분노를 표출하기 시작했다. 언어 지연과 폭력성은 불가분의 관계, 결국 언어 지연이 혜영이의 공격성을 극대화시키는 원인이 되고 있음을 알 수 있었다.

고요한 침묵의 집안

다른 발달에는 문제가 없는데 왜 유독 혜영이는 언어 발달에서 문제를 보이는 걸까? 혜영이의 일상을 관찰하던 중 놀라운 사실을 발견했다. 혜영이가 크게 문제를 일으키지 않는 한 엄마와 아빠는 집에서 말을 한마디도 하지 않았다. 하루 종일 혜영이와의 실랑이에 된통 물리고 뜯긴 아빠는 혜영이와 일정한 거리를 유지한 채 묵묵히 텔레비전만 볼 뿐이었는데, 어쩌다 혜영이가 아빠한테 말을 걸어도 "저리 가서 해. 저거 주워와" 같은 짧은 대답이 전부였다. 혜영이네는 그야말로 조용한 가족이었다.

> "아이는 끊임없이 부모와 상호작용하고 싶고 놀고 싶은데, 다가가도 아무런 반응이 안 와요. 공격적인 행동을 해야지만 엄마와 아빠의 반응이 오지요. 아이에게는 '내가 공격적으로 행동해야지 엄마와 아빠가 나한테 반응을 해주는구나'라는 생각이 머리에 콱 각인이 되어 있는 상태입니다."
>
> — 오은영 소아청소년정신과 전문의

떼가 심하고 고집이 센
우리 아이

의성어 · 의태어로 언어에 대한 호기심 자극

한국말은 고저가 비슷하기 때문에 말이 늦는 아이들이 듣기에는 '옹옹옹' 거리는 것처럼 들리기 쉽다. 그래서 말이 늦되는 아이들에게는 운율을 살려주는 게 좋은데, 의성어 · 의태어같이 재미있는 말은 언어에 대한 호기심을 자극하는 효과를 준다.

아이들의 호기심을 자극하는 의성어 · 의태어 놀이

'개굴개굴, 어흥, 야옹'과 같이 동물 흉내를 내면서 함께할 수 있는 놀이는 아이들의 흥미를 끌 수 있다. 이런 놀이가 생소한 아이들은 거부 반응을 보일 수도 있는데, 억지로 하면 역효과가 날 수 있으니 조급해 하지 말고 아이가 놀이를 자연스럽게 따라올 때까지 기다려주는 자세가 중요하다.

움직임이 많은 아이들을 위해서는 바닥에 발자국을 붙여 따라가면서 동물 이름 맞추기 놀이를 한다. 아이가 동물 이름을 맞추거나 말을 하면 부모는 칭찬으로 자신감을 북돋아준다.

동요와 율동 배우기

평소 혜영이의 엄마와 아빠는 침묵이 주특기였다. 아이와 대화하기 위해서는 아이들의 언어인 동요를 배워야 한다. 동요는 리듬이 있고 반복적이기 때문에 머릿속에 쏙쏙 기억된다. 동요를 함께 부르면 부모와 아이 간의 언어적 상호작용을 높일 수 있다.

좌뇌 발달 놀이

좌뇌는 언어의 뇌라고도 한다. 말이 늦은 혜영이에게는 좌뇌 발달 놀이가 도움이 된다.

1)풍선 색깔 맞추기: 아이의 수준에서 맞는 인과관계를 알려준다.
2)누구의 양말인지 구별하기: 논리적인 생각의 기초 작업이 된다.
3)물건에 단어를 붙여놓고 매일 한 번씩 알려주기

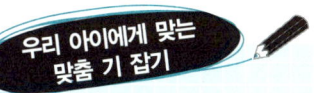

부모의 권위를 찾는 훈육법

지금까지 엄마는 혜영이가 문제 행동을 일으킬 때마다 그 자리를 피하려고만 했다. 아니면 도망가는 아이를 쫓아다니기에만 급급했다. 그러나 아이에게 엄마의 이런 행동은 훈육이 아니라 놀이로 여겨질 뿐이다. 이제부터는 단호하고 엄한 훈육으로 부모의 권위를 되찾고, '되고' '안 되고'의 규칙을 확실하게 깨닫게 해야 한다.

먼저 문제 상황이 발생하면 아이가 다치지 않게 잡고 앉는다. 아이가 뒤로 '쾅당'을 하려고 할 때 강하게 붙들고 "머리를 박는 것은 안 돼. 엄마는 널 아프게 하지 않을 거야"라고 단호하게 말한다. 그러나 한 번도 훈육을 받아 본 적 없는 아이는 흥분하며 강하게 반발할 것이다. 그래도 끝까지 아이가 진정되기를 기다린다. 단, 훈육을 할 때 절대 아이의 이름을 부르거나 아이가 하는 말에 대꾸해서는 안 된다. 아프다고 엄살을 부려도 일관된 태도로 끝까지 흔들리지 않는 태도를 보여야 아이들은 부모가 달라졌다고 생각해 말을 듣게 된다.

우리 아이 어떻게
달라졌을까?

바닥에 머리를 찧는 '꽈당' 소리가 아니면 침묵만 가득했던 혜영이네, 어떻게 달라졌을까? 혜영이를 위해 잠시 일을 그만둔 엄마가 동요를 부르며 하루를 시작한다. 혜영이도 엄마를 따라 율동을 하며 노래를 부른다. 벽에 붙어 있는 숫자도 척척 읽고, 말도 곧잘 하는 혜영이를 보자 엄마는 더 이상 바랄 게 없다. 지옥 같았던 아이와의 외출도 이제 더 이상 두렵지 않다. 혜영이도 폭력과 자해 대신 엄마, 아빠와 소통하는 다른 표현이 있다는 것을 알았다. 언어가 혜영이에게 새로운 세상을 보여주었다.

사사건건
꼬투리를 잡고 늘어져요

말끝마다 꼬투리 잡는 '짜증' 보이

15개월 된 동생도 일어나 세수를 하는데, 7살 현우는 아직도 침대에 누워 뒹굴뒹굴 게으름을 피우고 있다. 보다 못한 엄마가 현우를 깨우러 방으로 들어가는데, 이번에는 느닷없이 컴퓨터를 하겠다고 코드를 꽂는다. 일단 세수부터 하자고 해도 "컴퓨터가 고장 나니까 고쳐! 왜 컴퓨터를 고치지 않았어?" 알아듣지도 못할 말로 따지며 엄마를 들들 볶기 시작한다. 더 이상 말싸움 하기 싫은 엄마가 그냥 나가려고 하자 이번엔 기다렸다는 듯 장난감을 집어던지며 꼬투리를 잡는다.

　말도 안 되게 억지를 쓰는 현우와 입씨름을 하니 엄마는 차라리 현우가 분신처럼 여겨 절대로 놓지 않는, 그래서 때가 꼬질꼬질하게 낀 이불을 치워버리는 게 낫겠다 싶어 현우의 이불을 들고 베란다로 나가는데, "왜 그래? 왜 그래? 내가 베란다로 가지고 가려고 했는데 왜 그래?" 제 분에 못이겨 멀쩡히 서 있는 냉풍기를 쓰러뜨리며 화풀이를 한다. 그러더니 뭐가 그리도 서러운지 이불을 뒤집어쓰고 "짜증 나, 짜증 나"를 연발하는데, 한 번 꼬투리를 잡으면 "엄마가 잘못했어"라고 고개를 숙일 때까지 좀처럼 수그러들지 않는 현우, 엄마가 더 짜증이 날 판이었다.

그런데 엄마가 씻자고 할 땐 죽어도 안 씻더니 웬일로 현우가 스스로 씻겠다고 욕실로 들어간다. 그럼 그렇지, 머리를 감겠다더니 정수리에 물 몇 번 묻히고 열심히 감는 척 시늉을 하고는 끝이다. 저대로 놔뒀다가는 머리에 떡이 질 때까지 제대로 씻지 않을 걸 알기에 이번에도 엄마가 나섰다. 그러나 제 머리를 건드렸다고 화가 머리끝까지 난 현우가 "나갈 거야. 짜증 나"라는 서슬 퍼런 으름장을 놓고 집 밖으로 가출을 감행한다. 엄마만 보면 끊임없이 말꼬리를 잡고 "짜증 나"라는 말을 입에 달고 사는 아이. 그것도 성에 차지 않으면 밤이고 낮이고 가리지 않고 무단 가출을 감행하는 현우, 대체 무엇이 문제일까?

엄마를 좋아하는 아이

혹시 현우가 엄마를 싫어해서 괴롭히는 건 아닌지 속마음을 알아보기로 했다. 실험맨이 아이의 눈높이에 맞춘 놀이로 아이와 충분한 유대 관계를 형성한 후, 엄마에 대한 마음을 물어봤다. 그런데 뜻밖에도 현우는 엄마가 좋다고 대답했다.

"현우는 엄마와 끊임없이 상호작용을 하고 싶어 합니다. 그런데 엄마와 할 수 있는 상호작용 방법은 말꼬리를 잡고 꼬투리를 잡아서 사사건건 시비를 붙는 방법밖에 없어요. 이 방법이 계속 반복되어, 지금은 부정적 패턴으로 굳어진 겁니다."

— 오은영 소아청소년정신과 전문의

좀 더 심층적인 현우의 상태를 파악하기 위해 심리 검사가 진행되었다. 그런데 현우는 직선 따라 그리기도 서툴고 네모와 같은 간단한 그리기도 삐뚤빼뚤이었고, 발가락이 몇 개냐는 질문에는 세 개라고 대답했다. 심지어 계속해서 현우가 잘 모르는 것들을 질문을 하자 아예 검사실 문을 박차고 뛰쳐나가 버렸다.

"현우는 극도로 불안해하고 겁이 많은 아이입니다. 불안한 아이들은 늘 자기 자신이 안전하고, 정서적으로 안정되어 있기를 원합니다. '문 닫고 나가'라는 말 역시 자기 안정을 위해 쉬게 해 달라는 뜻인데, 이런 아이에게 엄마는 블록을 치우라고 하고 이불을 못 꺼내게 하는 등 아이의 불안을 가중시키는 역할을 했습니다. 그렇기 때문에 아이와 엄마는 서로를 밀어내는 대립 구조가 될 수밖에 없었던 겁니다."

— 오은영 소아청소년정신과 전문의

떼가 심하고 고집이 센
우리 아이

양육에 미숙한 엄마는 아이의 분노를 자극하는 원인

평소 현우는 엄마를 애타게 부를 때가 많았다. "엄마, 엄마, 엄마!" 이것은 조금만 자기에게 관심을 가져달라는 뜻인데, 엄마는 전혀 알아차리지 못하고 "왜?" 하며 버럭 소리를 질렀다. 이런 엄마의 무서운 태도에 아이가 울음 떼를 부리자 엄마는 아이를 달랠 생각은 않고, "네 방에 가서 울어, 귀찮아"라는 말로 아이를 밀어내기만 했다. 이렇다 보니 엄마는 아이의 분노를 자극하는 원인이 되었고, 엄마와 현우의 실랑이는 갈수록 악화될 수밖에 없었다. 그래도 다행인 건 아이가 끊임없이 엄마를 붙잡고 말을 시키고 자기 좀 쳐다봐달라고 한다는 사실이다. '나 엄마 좋아해. 나 엄마랑 상호작용하고 싶어.' 이건 그나마 아직까지 아이가 엄마를 좋아하고 있다는 증거이다. 하지만 여기서 더 상황이 나빠지면, 아이는 엄마한테 한마디도 하지 않고 돌아서버릴 것이다.

놀이에 동참하기

아이를 발달시키기 위해 해야 할 가장 첫 번째 단추는 놀이에 동참하기다. 놀이 동참하기의 기본은 부모가 조용히 아이의 뒤를 따라가주는 것인데, 부모가 아이의 말에 반응할 때 주의 사항이 있다.

아이: 기차가 멈췄어요. 고쳐주세요.

엄마: 그래, 고쳐줄게. (×)

　　　어? 멈췄네? 어떻게 하면 될까? (○)

아이가 해달라는 것을 그대로 해주기보다 아이의 말에 동조해주면 아이 스스로 해결책을 찾아갈 수 있다.

"불안한 아이는 새로운 것에 대한 두려움, 낯가림, 긴장감이 높습니다. 그래서 한 번도 해 보지 않은 것들을 선뜻 받아들이기 어려워합니다. 아이가 익숙하고 재미있다고 느끼는 놀이를 기본으로 해서, 놀이를 확장시켜 나가는 것이 좋은 방법입니다."

― 오은영 소아청소년정신과 전문의

또한 아이가 좋아하는 이불을 일부러 뺏을 필요는 없다. 이불 대신 엄마 품이 더 좋다는 것을 알게 되면 아이 스스로 자연스럽게 이불과 멀어지게 될 것이다. 이불을 가지고 할 수 있는 놀이를 통해 스킨십을 자주 하다 보면 이불보다 엄마가 더 자신의 마음을 안정시켜주는 사람이라는 확신을 갖게 될 것이다.

의사소통 교육

그동안 현우는 엄마와 상호작용을 하기 위해 있는 단어, 없는 단어, 알고 있는 단어를 다 동원했다. 이제부터는 엄마가 현우 나이대의 아이들이 쓰는 말을 배우도록 한다.

고집 센 아이들의 훈육법

그동안 현우는 규칙과 원칙을 한 번도 제대로 배운 적이 없었다. 그래서 꼭 필요한 병원 진료를 받아야 할 때도 삼십육계 줄행랑부터 쳤다. 이런 현우에게는 절대적인 훈육이 필요하다. 그러나 전문가를 찾아간 자리에서도 현우는 의자에 앉는 것조차 거부하며 거세게 저항했다. 이때 또다시 놔두면 아이의 상태는 좋아질 수 없다. 일단 아이가 반항하다 머리를 다치지 않게 전문가가 다리로 아이의 머리를 받쳐주었다. 고집이 센 아이들은 몸을 많이 움직이기 때문에 잘못하면 다칠 수 있다. 때문에 반드시 훈육자는 아이의 몸 뒤로 다리를 꼬아 아이의 몸을 보호해야 한다. 그런 다음 아이의 팔을 가볍게 통제한다. 하지만 선생님의 눈을 보라는 말에도 현우는 눈을 질끈 감으며 두시간이 넘게 반항을 했다. 그러나 자신의 고집보다 훈육자의 의지가 더 강하다는 것을 깨닫자 현우가 서서히 고집을 꺾기 시작한다. 급기야 스스로 의자에 앉아 약속을 하는 의젓한 모습까지 보였다. 훈육은 불안한 아이를 편안하게 해주는 묘약이다.

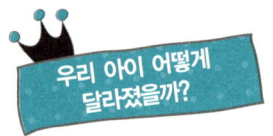
우리 아이 어떻게
달라졌을까?

2주일의 개선 기간이 지난 후 다시 현우네 집을 찾았다. 현우는 엄마와 주거니 받거니 상호작용을 하는 역할 놀이에 푹 빠져 있었다. 이젠 이불보다 엄마가 더 좋은지 빨지도 못하게 했던 문제의 이불도 제 스스로 빨겠다고 나선다. 엄마의 노력으로 한 뼘 더 성장한 현우, 몸도 마음도 무럭무럭 자라고 있었다.

떼가 심하고 고집이 센
우리 아이

웃었다 울었다
변덕이 죽 끓듯 해요

고집쟁이 변덕공주

애교의 여왕, 백만 불짜리 미소가 연예인 뺨칠 정도로 매력적인 3살 유리의 특기는 '이랬다, 저랬다' 하루에도 수십 번씩 마음 바꾸기다. 기분 좋게 잠에서 깼다가도 갑자기 눈물을 글썽이며 엄마를 찾는가 하면, 쉬를 하는 잠깐 동안에도 '울었다, 웃었다'를 반복했다. 호떡 뒤집듯 순식간에 뒤집히는 마음 때문인지 원하는 요구사항도 초고속으로 변했는데 엄마의 지갑을 보고 돈을 달라 고래고래 소리를 지르더니 갑자기 아이스크림을 달라고 난리를 친다. 변화무쌍한 3살배기 딸의 생떼에 엄마는 그저 웃음이 날 뿐이다. 유리의 변덕이 좀 잠잠해지는가 싶으면 어김없이 못된 심술이 발동한다. 엄마와 나란히 거실에 앉아 텔레비전을 보다가 갑자기 넓은 거실이 좁다며 엄마를 좁은 구석으로 몰아낸다. 결국 유리의 성화에 못 이긴 엄마가 거실 끝으로 쫓겨나자 금세 또 자기 옆으로 바짝 와 누우라고 호령이다. 대체 어느 장단에 맞춰 춤을 춰야 할는지 엄마는 도무지 감을 못 잡겠다.

그날 오후, 옆집에 사는 친구가 놀러왔다. 그런데 친구들과 있으니 한 술 더 뜬다. 친구가 만지는 장난감은 모두 내 것, 친구 물건까지 빼앗아 줄행랑을 친다. 심지어 소파에도 혼자만 앉겠다고 고집을 부리는데 널을 뛰듯 왔다 갔다 하는 변덕에 친구들과 있을 때도 양보를 모르고 어울리지 못하는 유리, 대체 무엇이 문제일까?

변덕의 패턴을 알아야 한다

변덕이 심한 아이들은 우연히 변덕을 부리는 것이 아니다. 그 안에도 변덕의 패턴이 있다. 유리 역시 세부 관찰을 통해 몇 가지 패턴이 있다는 것을 알 수 있었다. 엄마가 거실에 있던 베개를 안방으로 가지고 들어가자, 갑자기 베개를 붙잡고 서글피 울기 시작하더니 거실에 있는 베개는 절대 안방에 둘 수 없다며 다시 거실로 가지고 나온다. 이처럼 평소 유리는 어떤 물건이 제자리에 있지 않고 바뀌면 울고불고 난리를 칠 때가 많았는데, 특히 다른 사람이 자신의 베개에 눕기라도 하면 눈물 바람을 쏟아내며 난리를 쳤다. 엄마와 함께 간 문화센터 수업에서는 재미있게 수업에 집중을 하다가도 "친구 봐, 유리도 혼자 해 볼래?"라고 혼자 해 보자는 말만 나오면 바닥

떼가 심하고 고집이 센
우리 아이

에 넙죽 엎드려 통곡을 했다. 그리고는 그때부터 엄마 옆에서 찰싹 붙어 한 발자국도 떨어지려고 하지 않는 분리불안 증세를 보였다.

"현재 유리는 부모님을 굉장히 미워하면서도, 동시에 매우 사랑하는 애증이 혼재된 혼란스러운 상태입니다. 그래서 말 잘 듣는 기특한 아이로 있다가도 불쑥불쑥 엄마와의 관계에서 쌓였던 원망을 떼쓰기로 분출하고 엄마를 괴롭히고 있는 겁니다. 이것은 불안정한 애착 관계로 생기는 대표적인 양가적 애착 문제 행동으로 아이의 불안감이 상당히 높은 상태라고 할 수 있습니다."

– 이보연 아동심리전문가

비일관적인 엄마의 양육 태도

그런데 이처럼 불안이 높은 아이를 대하는 엄마의 태도가 놀라웠다. 유리가 함께 그림을 그리자고 다가오는데 엄마는 혼자 그리라며 아이를 냉정하게 밀어냈다. 잘해주다가도 갑자기 폭발하며 화를 낼 때도 많았는데, 시시각각 변하는 엄마와 24시간 지내야 하니 아이 또한 엄마의 반응에 따라 자신의 요구를 시시각각 바꾸는 변덕쟁이가 될 수밖에 없었다.

29개월 아이들 중에서 스스로 신발을 신고 양치질을 하는 아이는 드물다. 유리는 자기 개월 수에 비해 굉장히 잘하고 있는 편이다. 그런데 엄마는 아직 어린 유리한테 원하는 게 너무 많았다. 쉬 하고 오줌통을 직접 갖다버리고 온다든지 지그재그로 선 긋기를 잘한다든지 이런 것들은 29개월 아이들이 해내기에는 벅찬 일들이다. 당연히 부모가 도와줘야 하는 일들인데, 엄마는 유리를 너무 큰 아이 취급했다. 그러다 보니 '도대체 이 아이는 왜 이런 것까지 엄마한테 해달라고 하는 거지?'라는 생각이 들면서 아이의 요구가 귀찮아지고 아이에게 말을 할 때도 비난조로 야단치기 일쑤였다. 아이의 발달 상황에 맞는 것만 아이에게 시키고 발달 상황에 넘치는 일은 엄마가 도와준다면 아이의 문제는 지금 상황에서 70% 정도는 없어질 것이다.

엄마와 아빠의 양육의 불일치

평소 아빠는 아이를 잘 다루지만, 어떤 상황이 벌어졌을 때 엄마는 된다고 하고 아빠는 안 된다고 하는 양육의 불일치 상황을 많이 보였다. 이런 양육의 불일치는 아이의 불안감을 증가시켜 부모와의 애착 관계를 불안정하게 만든다. 유리는 불안감이 높은 아이들에게서 보이는 강박, 집착, 분리불안의 문제 행동을 종합세트로 보이고 있었다. 무엇보다 유리처럼 부모에게 사랑받고 싶다가도 부모를 괴롭히려고 변덕스런 떼를 많이 부리는 아이들은 대인 관계 욕구가 높기 때문에 조금만 누가 자기를 거절하는 느낌이 들면 감정이 확 상하게 된다. 아이들 사이에서 왕따를 당할 가능성이 가장 높은 부류다. 때문에 하루 빨리 문제 행동을 개선해야 한다.

변덕과 떼를 잠재우는 놀이와 긍정적 말투

불안정한 애착 관계를 안정적인 애착 관계로 만들어주기 위해 아이가 사랑받는 존재임을 느끼게 하는 놀이가 시급하다.

안정적인 애착 관계 형성을 위한 놀이

① 신문지 찢기

신문지 찢기 놀이를 하다 보면 응어리진 마음이나 스트레스가 해소되어 아이의 마음을 풀어줄 수 있다. 아무리 우는 아이라도 신문지 한 장을 건네주고 열 번 정도 찢게 하면 웃는 얼굴로 변할 수 있다. 이때 주의할 점은 한 번 찢을 때 속도는 5초 이상이 되어야 한다. 그래야 신문지 찢는 소리가 날카롭지 않고 부드럽게 들린다.

② 밀가루 반죽 만지기

플라스틱 용기에 밀가루 반죽을 담아 반죽을 꺼냈다 담았다 해 보고, 손가락으로 찔러도 보고, 두 손으로 잘라도 보게 한다. 이때 아이에게 어떤 느낌인지에 대해 물어보고 이야기를 하게 한다. 그랬을 때 아이는 손의 촉감각을 발달시키고 이야기를 나누며 가족과 정서적 교감을 나눌 수 있다. 또한 정서적 이완과 부정적 감정 해소에도 도움을 준다.

 평소 잘 놀아주지 않던 엄마가 하루 종일 신나게 놀아주자, 잠잘 시간이 훨씬 지났는데도 유리가 계속 놀아달라고 울음 떼로 공격한다. 엄마와 아빠가 무관심 훈육으로 유리의 울음 떼가 가라앉기를 기다려 보지만 저항이 만만치 않다. 그런데 이때 엄마가 "유리 많이 속상했어?"라고 마음을 읽어주자 유리가 거짓말처럼 울음을 그친다. 아빠 역시 "유리야 아빠가 물 안 줘서 속상했구나?"라고 다독여

주자 언제 난리를 쳤냐는 듯 양치질을 하겠다고 나선다. "울지 마! 울면 안 해줘!"라는 부정적인 말투 대신 "아, 놀고 싶었어? 잠깐만 기다려. 엄마가 해줄게"와 같은 긍정적인 말투는 부모와 아이의 안정된 애착 관계를 형성하는 데 많은 도움이 된다.

육아 스트레스 해소

육아 스트레스가 해소되어야 주양육자인 엄마가 유리를 좀 더 긍정적인 태도로 보살필 수 있다. 그러면 개선의 속도도 훨씬 빨라질 것이다. 그동안 회사일로 바빠 양육의 모든 부분을 아내에게만 맡겼던 아빠가 앞으로는 일정 부분 양육을 담당하기로 약속했다. 내친 김에 유리를 아빠에게 맡기고 엄마가 일일 육아 휴가에 나섰다. 유리를 낳고 처음으로 혼자 나가는 외출, 두고 나온 아이와 남편이 걱정되긴 하지만 엄마는 신 나는 마음을 감출 수가 없다.

한편 아이를 돌보는 일에 서툰 아빠가 유리를 돌보다 보니 유리의 변덕이 다시 발동했다. 무관심 훈육으로 엄마 앞에서는 사라졌던 변화무쌍한 울음 공격이 혼자 있는 아빠 앞에서 다시 타나났다. 이대로 두었다가는 유리의 문제 행동이 다시 시작될 수도 있는 상황이었다. 무관심보다 한 단계 강화된 타임아웃 훈육제, 방석 앉히기를 시도하기로 했다.

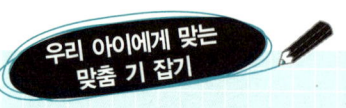

타임아웃 훈육법

아이가 그릇된 행동을 하거나 감정을 조절하지 못할 때 잠시 일정한 장소에 격리시키는 훈육 방법이다. 매를 들거나 흥분해서 야단을 치는 것보다 '타임아웃'을 외치고 아이에게 생각할 시간을 주어 스스로 반성하게끔 하는 효과가 있다.

그런데 타임아웃을 외치고 방석 위에 3분 동안 있으라고 했는데도 유리가 강력하게 저항을 하며 방석을 떠나려고 난리를 친다. 하지만 한 번 시작된 훈육은 도중에 절대 포기해서는 안 된다. 좀 더 단호한 자세로 다시 유리를 방석에 앉히자 이번엔 방석을 떠나지 않는다. 방석을 떠나지 않는다는 것은 잘못을 인정한다는 의미다. 이때 아이의 잘못된 행동에 대해서 물으면 아이는 자신의 잘못을 똑바로 인정한다. 자칫 되돌아갈 수도 있었던 아이의 변화무쌍한 억지 떼가 방석 앉히기로 잠잠해졌다.

아빠는 엄마의 육아 지지자가 되어야 한다

심리검사 결과 엄마는 스트레스가 굉장히 많고, 외부 자극에 대한 대처 능력이 떨어지며, 감정 조절이 힘든 상황이었다. 엄마 역시 대인 관계의 욕구가 높은 사람이므로 옆에서 '잘하고 있다'고 칭찬하고 격려를 해주는 지지자가 있으면 훨씬 안정이 된다. 그러면 양육도 더 안정적으로 할 수 있다. 따라서 아빠가 엄마의 지지자가 되어 양육 태도에 대한 끊임없는 칭찬과 격려를 아끼지 않아야 한다.

아침마다 눈 깜짝할 사이에 바뀌는 변덕 퍼
레이드를 보여줬던 유리, 이제는 그 어떤
변덕도 없이 방긋 웃는 웃음으로 아침을 맞
는다. 또한 그 누구도 베지 못하고 옮겨놓을 수 없었던 베개도 엄마
랑 나란히 누워 텔레비전을 보는 용도로 바뀌었다. 뿐만 아니라 엄
마와 단 1센티미터도 떨어지지 못하는 '엄마 껌딱지'였던 유리가
지금은 자는 엄마에게 이불을 덮어주고 엄마가 깰까 봐 조용히 혼
자서 노는 의젓한 모습을 보여주기도 했다. 생트집과 변덕 대신 환
하고 행복한 웃음으로 바뀐 유리네 가족, 웃음은 가족 모두를 행복
하게 한다는 것을 잊지 말자.

장소를 이동하는 것을
극도로 거부해요

엉덩이가 무거운 방콕 공주

4살 혜미가 세상에서 가장 싫어하는 말은 "나가자"다. "나가자"는 말만 나와도 표정이 굳고 양말만 봐도 경기를 일으키는 탓에 덩달아 엄마까지 두 달째 바깥 출입을 못하고 있었다. 이런 혜미를 밖에 데리고 나가기 위해 안 써 본 방법이 없었다. 혜미가 좋아하는 인형 친구들을 동원해 밖에 나가자고 유혹해 보기, 동네 친구들을 불러 나가서 신 나게 놀자고 꼬여내기, 그러나 번번이 눈물 콧물을 쏙 빼며 외출을 거부하는 혜미 때문에 엄마는 그야말로 울고 싶은 심정이다. 그래도 꼭 나가야 하는 상황이 생기면 최후의 방법을 쓸 수밖에 없었다. 시골에 계신 할머니 댁을 방문해야 하는 날, 엄마와 아빠는 혜미가 잠들기만을 기다렸다. 드디어 혜미가 꿈나라로 가자 엄마가 서둘러 가방을 싼다. 그리고 조심스럽게 혜미를 안고 밖으로 나오는데, 혜미가 밖에 나가지 않기 시작한 뒤부터 가족의 외출은 늘 이렇게 야반도주하듯 이뤄지고 있었다.

그런데 다음 날 집이 아닌 할머니 집에서 잠이 깬 것을 안 혜미의 반응이 더욱 기가 막혔다. 자신 몰래 밖에 나왔다고 울고불고 난리를 칠 줄 알았는데 할머니 앞에서 노래와 춤으로 애교를 부리며 언제 오기 싫었냐는 듯 전혀 다른 모습을 보였다. 더욱더 기가 막힌 반전은 집에 갈 시간이 되자 이번엔 집에 안 가겠다고 난리를 치는 것이었다. 온갖 회유와 협박에도 절대 나가지 않겠다고 버틸 때는 언제고, 다시 집에 가자니까 안 가겠다니. 열 길 물속은 알아도 한 길 혜미 속은 정말 모르겠다 싶은 순간이었다.

혜미의 반전은 여기서 끝이 아니었다. 건강과 직결된 치과 치료를 더 이상 미룰 수 없는 엄마가 울고불고 난리를 치는 혜미를 안고 단호하게 집을 나오려고 하자 놀랍게도 혜미가 스스로 신발을 신고 현관문을 넘는 것이었다. 치과에 가서도 눈물 한 방울 흘리지 않고 의젓하게 진료를 받았는데 치과를 나가려고 하자 이번에도 나가지 않겠다고 고집을 부렸다. 한 장소에서 다른 장소로, 다른 장소에서 다른 장소로의 이동을 극도로 거부하는 혜미, 무엇이 문제인 걸까?

헬리콥터 마더

처음 혜미네 집을 방문했을 때 제작진은 수많은 장난감과 어린이집을 방불케 하는 집안 환경, 그리고 아이가 집 안에만 있으면 심심하지는 않을까 끊임없이 대화 상대가 돼주고 심지어 신체 운동까지 해결해주는 엄마의 모습에 깜짝 놀랐다. 이런 환경이라면 아이는 집밖에서 노는 것보다 집 안에서 노는 게 훨씬 더 재미있다고 여길 것이 뻔했기 때문이었다.

> "아이가 심심하면 싫어할 것 같죠? 그건 엄마 생각입니다. 부모의 큰 착각이에요. 우리가 뭔가를 배워 오면 가만히 혼자 있을 때나 뒹굴뒹굴할 때 습득이 돼요. 아이에게도 가만히 있는 시간이, 혼자 있는 시간이 필요합니다. 그럴 때 교육이 이뤄진다는 걸 아서야 합니다."
>
> **– 오은영 소아청소년정신과 전문의**

아이에게 잘해주다 못해 지나치게 자극을 많이 주고 아이 스스로 생각할 틈을 주지 않는 것은 4살 아이의 발달 시기에 정말 중요한 '자율성'의 발달을 방해하는 것이다. 자율성을 발달시키지 못한 아이들은 자기가 한 것만 받아들인다. 그렇기 때문에 외부에서 주어지는 것들에 대해서 저항하고, 아집과 고집이 생긴다. 그리고 내 고집대로 잘 안 되었을 때는 떼를 부리게 된다.

그동안 엄마와 가족들은 혜미를 밖에 데리고 나가기 위해 그야말로 눈물겨운 노력들을 했다. 그런데 가족들의 방법에 몇 가지 오류가 있었다. 먼저 혜미를 밖에 데리고 나가기 위해 항상 과자와 선물로 유혹을 했다. 그렇다 보니 혜미는 보상이 없으면 한 발자국도 나가려고 하지 않았다. 또한, 외출을 하기 전에 아이를 설득하는 과정이 너무 길었다. 이처럼 자꾸 조건을 달고 설득을 하다 보면 아이는 반드시 해야 되는 일에 대한 내적 동기가 생기지 않는다.

좌절과 극복의 기회를 주지 않는 아빠

아빠는 아이가 어떤 상황에 기분이 나쁠 것이라는 것을 엄마보다 더 잘 파악하고 있기는 했다. 그래서 혜미가 한 번 싫다고 하면 두 번 다시 권하지 않고 방임해버렸다. 그러나 이것은 아이의 감정을 이해는 하지만 그 문제를 극복할 기회를 주지 않는 것과 마찬가지다. 아이가 커가면서 극복해야 하는 문제들은 수없이 많다. 당장은 어린이집도 가야 하고, 학교에 가서 새로운 친구도 만나야 한다. 그러나 그럴 때마다 힘들어서 포기한다면 아이는 사회적으로 제대로 된 관계를 맺을 수가 없다. 실제로 일상생활에서 혜미는 불안하고 예민한 모습을 자주 보였다. 특히 친구들과 함께 있을 때 불안함은 더 컸는데 같이 놀던 친구가 울자 어찌할 바를 몰라 집에 가고 싶다며 무조건 자리를 피하려고만 했다. 엄마가 전화를 받느라 자신에게 관심을 덜 두면 심하게 손가락을 빨고, 엄마 가슴에 손을 집어넣는 모습도 포착됐는데 혜미는 사람과의 사이에서 유독 더 불편하고 불안한 기운을 많이 느끼는 아이였다.

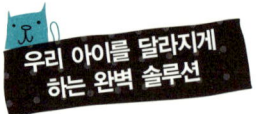

'나가자' 는 말에 급격히 상승하는 심장박동

그동안 혜미를 밖으로 데리고 나오기 위해 가족들은 오랜 시간 아이와 실랑이를 벌였다. 그러나 실랑이하는 시간이 길면 길수록 아이는 더 불안해지고 불안한 마음은 불편한 마음으로 변했다가 급기야 기분이 나빠졌다. 실제로 혜미가 밖으로 나가자는 말에 얼마나 불안한 마음을 느끼고 있는지 심장박동수의 변화를 통해 알아봤더니, 집 안에서 엄마와 놀고 있을 때는 유아들의 평균 심장박동수인 100에서 140사이를 왔다 갔다 하다가 엄마가 밖에 나가자는 말을 하자 갑자기 160까지 상승했다. 그러더니 엄마가 외투를 가지고 나오자 심장박동수는 180까지 상승했다. 하지만 놀랍게도 아이가 힘겹게 현관 문턱을 넘자 심장박동수는 서서히 떨어지더니 집 밖으로 완전히 나오자 다시 평균 속도를 유지했다.

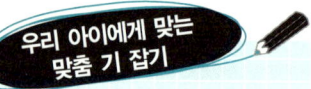
우리 아이에게 맞는
맞춤 기 잡기

밖으로 나오는 시간을 줄이는 훈육법

심장박동수 실험 결과에서도 알 수 있듯이 이번 솔루션의 핵심은 아이가 밖으로 나오는 시간을 줄이는 것이다. 하지만 "나가자" 는 말만 나와도 정신을 놓을 듯 울며 난리를 치는 아이를 어떻게 재빨리 밖으로 데리고 나올 수 있을까? 먼저, 아이와 외출을 계획할 때마다 온갖 감언이설로 달래고 꾀기를 반복했던 방법 대신 나가야 하는 이유를 명확하게 설명해준다. 충분히 설명을 했다면 얼른 옷을 입혀 데리고 나온다. 이때도 최대한 시간을 줄이기 위해 미리미리 옷을 준비해두는 것이 좋다. 그리고 마침내 아이가 밖에 나왔을 때는 한껏 칭찬을 해준다. 아이는 직접 몸으로 부딪혀 보는 것을 통해 외부 세계와의 두려움을 줄여나갈 수 있다.

신체 놀이를 해라

여러 가지 놀이가 있지만 밖에 안 나가려고 하는 아이들은 머리로 생각하는 놀이보다는 신체를 움직이는 신체 놀이가 좋다. 몸으로 직접 부딪치는 놀이를 자꾸 하다 보면 밖에서의 즐거운 기억도 쌓이고, 가끔 자기 마음대로 안 될 때가 있을 때에도 '아, 이 세상엔 내 마음대로 안 되는 것도 있구나. 이걸 어떻게 극복할 수 있을까?'를 생각하게 된다.

심심한 엄마 되기

그동안 과도한 자극으로 아이만의 시간을 만들어주지 못했던 엄마는 이제 조금은 심심한 엄마가 되어야 한다. 먼저 엄마는 혜미의 무한 집 사랑의 한 원인이었던 장난감을 한 쪽 방으로 몰아넣고 혜미에게 혼자 노는 시간을 준다. 그러나 여전히 아이가 혼자 있으면 심심하지 않을까 엄마는 걱정이 앞서는데, 이럴 때는 엄마보다는 또래 친구들과 노는 시간을 마련해주는 것이 좋다. 또래 아이들과의 놀이는 협동심을 배우고 사회성을 키우게 하는 좋은 밑거름이 된다.
또 지금까지 엄마는 "혜미야 배고프지? 뭐 먹을래?" 하고 물어보고는 혜미가 대답하기도 전에 "이건 어때? 저건 어때?" 스스로 묻고 대답하기를 반복했다. 이제부터 엄마는 아이와 대화할 때 2~3템포 기다려주는 연습을 한다. 아이 스스로가 '어 괜찮네. 한 번 먹어 볼까?' 하고 느낄 수 있을 때까지 말이다.

2주일간의 솔루션 기간이 끝나고 다시 혜미네 집을 찾았다. 이제는 엄마의 "나가자"는 말에 혜미가 먼저 옷을 입고 빨리 나가자고 엄마를 재촉하기까지 한다. 위풍당당하게 밖으로 걸어 나와서 하는 첫 마디는 "날씨 좋~다!" 이처럼 하루하루 달라지는 혜미의 변화에 엄마와 아빠는 입이 다물어지지 않는데, 사랑은 '얼마나'가 아니라 '어떻게' 주느냐가 더 중요하다는 것을 엄마 아빠는 이번 기회를 통해 절실히 깨달을 수 있었다.

엄마가 하는 건
무조건 따라 해요

5살 빵덕어멈

이른 아침, 5살 영수가 제일 먼저 하는 일은 엄마 대신 주방에 들어가 아침밥을 차리는 일이다. 아침 일찍 출근한 아빠를 제외하면 엄마, 영수, 그리고 12개월 된 여동생이 전부인데, 커다란 대야에 시리얼 한 통과 1.5리터짜리 우유 한 통을 다 쏟아 붓고는 숟가락 대신 국자로 퍼 담기까지 한다. 하지 말라고 하면 더 하고 엄마가 하는 건 뭐든지 따라 해야 직성이 풀리는 영수의 성격을 누구보다 잘 아는 엄마는 영수의 행동을 묵묵히 지켜볼 뿐인데, 주방 살림이 5살 아이가 할 수 있을 만큼 호락호락한 것만 있는 게 아니니 문제다. 모처럼 휴일에 온 가족이 모여 국수나 삶아 먹을까 하는데 펄펄 끓

떼가 심하고 고집이 센
우리 아이

는 물에 자기가 직접 국수를 넣겠다고 영수가 또 고집을 부린다.

뜨거워 다칠 수도 있기 때문에 이번만큼은 안 된다고 강하게 만류하자 수틀린 영수가 그때부터 엄마가 하는 모든 일에 사사건건 트집을 잡으며 못된 시어머니 노릇을 하기 시작한다. 엄마가 닦아놓은 숟가락이 마음에 안 든다며 다시 닦으라고 호통을 치더니 멀쩡한 카레를 싱크대에 쏟아버리며 화풀이를 한다. 그런데 이처럼 아이 신분에 하지 말아야 할 것들을 한다고 우기면서, 정작 어린이로서 해야 할 일은 안 하려고 한다는 데 더 큰 문제가 있다. 어린이집에 갈 시간이 다 되자 안 가겠다며 거실에 있는 미끄럼틀을 쓰러뜨리며 온 집안을 아주 아수라장으로 만들어놓는다. 하지만 엄마도 어린이집만큼은 양보할 수가 없다. 억지로 옷을 입히고 영수를 밖으로 데리고 나오자, 이번엔 어린이집 차를 안 타고 걸어가겠다고 고집이다. 엄마가 하는 건 뭐든지 따라 해야 직성이 풀리고 수틀리면 못된 시어머니 짓을 서슴지 않는 영수, 대체 무엇이 문제일까?

집 안에서는 난봉꾼, 집 밖에서는 모범생

영수의 일상을 관찰하던 중 의외의 모습을 발견했다. 유모차를 탈 때도 동생은 짐칸에 태우고 자신은 앞자리에 앉아 가야 직성이 풀리는 영수가 놀이터에 가자 갑자기 동생의 보디가드를 자처하고 나섰다. 심지어 한 여자아이가 동생이 귀엽다며 관심을 보이자 행여 동생에게 무슨 일이라도 생길까 동생에게서 눈을 떼지 않았는데 급기야 "내 동생이야! 만지지 마!" 과잉 대응을 하기까지 했다. 뿐만 아니라 집 안에서는 엄마 말에 무조건 반대로 하던 청개구리가 "영수야, 이것 좀 유모차에 넣어줄래?" 엄마의 말 한마디에 눈썹이 휘날리게 유모차로 달려간다. 영수는 왜 이렇게 집 안에서의 모습과 집 밖에서의 모습이 다른 걸까?

> "영수는 불안이 높은 아이입니다. 고집을 부리고 엄마를 귀찮게 하고 뭐든지 자기가 하겠다고 고집을 부리지 않으면 살 수가 없는 아이입니다."
>
> — 오은영 소아청소년정신과 전문의

아이의 문제 행동을 자율성이라고 착각한 엄마

엄마는 그동안 영수의 행동을 '자율성'이 높다고 생각해왔다. 하지만 사실 영수는 불안이 높은 아이다. 그 불안한 마음을 안정시키려고 "내가 할래"를 고집하게 된 것이다. 불안한 아이들 중에는 어떤 자극이 왔을 때 '아이고 무서워' 하고 숨어야 마음이 편해지는 아이도 있고, 경계선을 딱 쳐놓고 그 안에 들어가 있어야 편해지는 아이들도 있다. 영수는 경계선 안에 있어야 편안해지는 아이다. 하지만 살면서 주변 상황이 다 내 마음대로 되기란 힘들다. 그랬을 때 영수 같이 불안이 높은 아이들은 그 불안이 더 높아져서 화로 표현된다. 실제로 일상생활에서 영수가 화를 내는 상황을 보면 주변 상황이 내 마음대로 되지 않았을 때, 자기의 생각에서 벗어났을 때가 대부분이었다. 엄마가 자기가 원하는 대로 숟가락을 닦아놓지 않았을 때 성질을 부리고, 같이 걷고 있었는데 엄마가 잠깐 다른 곳을 보면 화를 냈다. 이런 불안은 스스로 조절하는 법을 배우지 못했을 때 더욱 증폭된다. 영수는 부모로부터 이러한 교육을 전혀 받지 못한 것이다.

> "엄마가 아이에게 해도 되는 행동과 해서는 안 되는 행동의 한계 설정을 안 해줬기 때문에 아이 머릿속에는 개념이 없어요. 그래서 아이는 뭔가 하고 싶은 걸 못하게 하면 훨씬 더 불안해지고 불편해지는 겁니다."
>
> **– 오은영 소아청소년정신과 전문의**

이렇게 되면 아이는 '내 마음대로 안 되는 것도 그렇게 힘들어할 필요는 없구나' 하며 건강하게 포기하는 법을 배우지 못한다. 방법을 모르기 때문에 내 마음대로 안 되었을 때는 분노가 폭발하는 것이다.

아빠는 부재 중

영수네 집의 또 다른 문제는 아빠였다. 촬영이 진행되는 동안 제작진은 아빠의 얼굴을 제대로 본 날이 몇 번 되지 않았다. 아침 일찍 출근해 새벽에나 퇴근을 했기 때문인데, 이렇다 보니 영수가 아빠를 볼 수 있는 날도 주말 하루뿐이었다. 하지만 이마저도 모자란 잠을 보충하다 보면 아빠가 가족과 대화하는 시간은 몇 시간이 채 되지 않았다.

　그런데 오랜만에 만난 아빠와 놀고 싶은 마음이 간절한 영수가 그만 실수로 아빠의 눈을 때리고 말았다. 그런데 장난으로 한 행동인데도 아빠는 아이의 잘못을 잡아주기보다 불같이 화를 내며 감정적으로 대응했다. 자주 만나지도 못하는데 가끔 보는 아빠가 불같이 화를 내니 아이는 아빠에게 경계심을 가질 수밖에 없다. 그리고 아빠에 대한 경계심은 아빠를 수동 공격하는 형태로 나타나 아빠한테 당한 것을 복수해주고는 싶은데 힘으로는 당할 수가 없으니, 엄마한테 이르거나 아빠가 보는 앞에서 엄마하고만 관계를 맺으려고 했다. 결국 영수는 집안에서 누구한테도 정서적인 안정, 심리적인 편안함을 얻지 못하고 있었다.

엄마, 아빠의 칭찬 스티커 만들기

영수의 불안은 엄마와 아빠로부터 유래가 됐다. 때문에 이를 해결하려면 가장 먼저 엄마와 아빠가 편안하고 안정되어야 한다. 그러기 위해서 부모를 위한 칭찬 스티커를 만든다. 작은 일에도 서로 칭찬하며 아낌없는 애정표현을 하면 아이에게 직접 칭찬하는 것 못지 않은 좋은 효과를 거둘 수 있다.

잦은 훈육은 오히려 독이 된다

아이가 문제 행동을 보일 때마다 엄마는 자동으로 훈육 자세에 들어갔다. 그러나 잦은 훈육은 아이에게 교육이 아니라 장난이라는 인상을 심어주어 오히려 역효과를 낳는다. 잘못했다고 말 한마디만 하면 모든 게 원상복귀되기 때문에 아이는 훈육을 통해 아무것도 배울 수가 없다. 또 한 가지 주의할 점은 또래 친구들 앞에서는 절대 훈육을 하면 안 된다. 아이의 체면을 깎는 행동이기 때문에 아이가 자존심에 상처를 받을 수 있다.

지침과 한계 정하기

이제부터는 아이에게 마음껏 할 수 있는 것과 규제를 통해 제한적으로 허용해야 하는 것, 그리고 절대로 해서는 안 되는 것을 구분해 알려줘야 한다.

1) 얼마든지 해도 되는 것

거북이 먹이 주기, 두부 으깨기, 화분에 물 주기, 혼자 옷 입기

2) 한두 번은 해도 되는 것

전자레인지 작동시키기(설명 포함), 커피 타기, 신발 신고 집 안에 들어오기

3) 절대 해서는 안 되는 것

화장실 바닥에 소변보기, 밥상 위에 올라가 뛰기, 가스 불 켜기, 필

러로 당근 껍질 벗기기, 호박 썰기, 싱크대에서 양치질하기

아이와 '말'로 놀아주기

영수처럼 불안감이 높고 예민한 아이들은 격한 신체 놀이보다는 구연동화나 역할극을 통한 놀이가 좋다. 이런 놀이들을 통해서 아이는 인지 발달이 되고, 상상력과 창의력이 높아진다.

2주간의 솔루션 기간이 끝난 후, 영수네 집을 다시 찾았다. 이제 영수는 혼자서 변기에 쉬하는 건 기본이고 어린이집도 차를 타고 다닌다. 하지만 무엇보다 가장 큰 변화는 아빠의 빨라진 퇴근 시간이었다. 아무리 피곤해도 하루에 30분씩은 아이와 함께 시간을 보냈고, 일하는 중에도 틈틈이 엄마와 문자를 주고받으며 행복한 모습을 아이에게 보여주었다. 부모의 말 한마디, 눈빛 하나로 아이들은 달라진다. 엄마와 아빠의 응원은 아이를 쑥쑥 자라게 하고, 엄마와 아빠의 사랑은 아이를 행복하게 만든다.

뭐든지 다 제 멋대로 하는
응석왕이에요

내 사전에 안 되는 일은 없다

목감기 때문에 할머니와 함께 병원에 다녀오던 한별이의 눈에 빵집이 포착됐다. 막 목 치료를 끝내고 나온 터라 당분간은 아무것도 먹으면 안 되는데, 막무가내로 빵을 먹겠다고 고집을 부린다. 급기야 진열되어 있는 빵들을 집어던지며 빵집 바닥에 드러누워 바락바락 소리를 지르자 할 수 없이 할머니가 한별이의 손에 빵을 쥐어주었다.

손자 사랑이 지극한 할아버지와 함께 나올 때 한별이의 응석은 더 심했다. 다짜고짜 문구점으로 달려가서는 돈도 안 내고 스티커를 집어 든다. 돈 내고 가져가라고 하자 틀린 말한 것도 아닌데 문구점 안의 장난감들을 모두 내던지며 심술을 부린다. 할아버지는 손자가 내던진 장난감을 주우러 다니느라 정신이 없다. 사주지 않겠다는 것도 아닌데 왜 이렇게 못된 행동을 하는지 이유를 모르겠다. 급기야 그러지 말라는 할아버지의 얼굴에 한별이가 손찌검을 하기 시작했다. 이쯤 되면 할아버지도 한별이에게 따끔하게 한마디 할 법도 한데 할아버지는 한별이가 아홉 가지 미운 짓을 해도 한 가지 예쁜 짓만 하면 모든 것이 다 사랑스럽다고 했다.

가족이 아닌 친구들과 있을 때는 문제가 더 심각했다. 집에 놀러 온 여자친구가 한별이의 장난감을 가지고 놀자 갑자기 한별이가 친구의 머리를 때린다. 한별이의 이런 행동을 엄마가 나무라자 또다시 물건을 집어던진다. 장난감에 얼굴을 맞은 친구를 엄마가 달래주자 그게 싫다며 또 고래고래 소리친다. 한별이는 어째서 말 안 듣고 떼만 쓰는 아이가 된 걸까?

응석보다 더 큰 문제가 있다

발달 검사를 수행하던 중 한별이에게 고집대로 안 되면 소리를 지르고 물건을 던지고 떼를 부리는 것보다 언어 발달에 더 큰 문제가 있다는 것이 밝혀졌다.

> "한별이는 자기 연령보다 1년 이상 언어 발달이 지연되어 있습니다. 언어적 표현을 못하는 경우에는 당연히 행동이 먼저 나올 수밖에 없기 때문에 공격적이고 충동적인 행동이 많아집니다."
>
> **– 오은영 소아청소년정신과 전문의**

현재 한별이의 언어 발달이 어느 정도 지연되어 있는지 동일한 개월 수의 세 아이를 비교 실험해 보았다. 첫 번째 어린이의 경우 형제가 있냐는 질문에 "이석현 형아가 있어요"라고 질문에 맞는 정확한 대답을 했다. 어린이집에서는 어떤 공부를 했냐는 질문에도 "수업 시간에 색칠했어요"라고 완성된 문장으로 대답했다. 두 번째 어린이 역시 아침에 무엇을 먹었냐는 질문에 "국이랑 밥이랑 먹었어요"라고 대답했다. 재채기가 난다며 휴지를 갖다 달라고 하자 테이블로 달려가 휴지를 통째로 가져오기도 했다. 그렇다면 앞선 두 아이와 동일한 33개월인 한별이는 어땠을까? 몇 살이냐는 간단한 질문에도 묵묵부답, 아무 말도 못하더니 대뜸 과자를 달라며 알아듣지도 못할 딴소리를 해댔다. 아침에 맘마 먹었냐는 질문에는 아예 '맘마'라는 단어 자체를 못 알아듣는 듯 집중하지 못했는데, 가족들은 아이의 언어 지연에 대해 인식조차 못하고 있었다.

할아버지가 퇴근해서 제일 먼저 하는 첫마디는 "할아버지하고 저기 아이스 먹으러 나갈까?"였다. 한별이가 나가자고 하지 않아도 할아버지가 먼저 나가자고 말하고, 가게에 가서도 한별이가 아이스크림 냉동고 앞에 서 있기만 해도 할아버지는 "하나 골라. 그거 살거야? 알았어. 할아버지가 사장님한테 돈 내고 와야 돼. 가지 마." 한별이가 해야 될 말까지 전부 다 해버렸다. 심지어 지나가다 한별이가 그저 쳐다보기만 해도 "하나 사줘야 되겠네"라며 모든 것을 먼저 알아서 척척 해줬다. 때문에 한별이는 말 한마디 하지 않고도 원하는 모든 것을 얻어낼 수 있었는데, 결과적으로 손자를 위했던 마음이 아이의 발달을 방해하는 요소로 작용하고 있었다.

> "'내가 이런 의사소통을 해야 되는구나'라는 필요성을 느낄 만한 약간의 부족함과 결핍을 줘야지만 아이들은 말할 필요성을 깨닫고, 동기를 느낍니다. 그런데 미처 원하기도 전에 미리미리 제공을 해주니까 자기 나이보다 1년 어린 상태에서 머물러 있는 거라고 볼 수 있습니다."
>
> – 오은영 소아청소년정신과 전문의

아이보다 내가 더 중요한 자기 주도적인 엄마

아이가 '아'라고만 해도 아이스크림을 대령하고 '장'이라고만 해도 장난감을 갖다주는 할아버지와 달리 엄마는 아이보다 엄마 본인이 더 중요한 사람이었다. 엄마와 한별이가 책을 보고 있는데, 상어와 고래가 나오는 책이 한별이는 무척 재미있는 모양이다. 그런데 이내 엄마는 다른 책을 보자고 한다. 상어와 고래가 나오는 책을 계속 보고 싶은 한별이가 엄마가 새로 보자는 책을 덮으며 싫다는 의사 표현을 하는데도 엄마는 계속해서 새 책을 보자고 강요한다. 급기야 한별이가 엄마의 무릎에서 일어나 다른 장난감을 뒤적이는데 엄마는 아이는 안중에도 없고 혼자 신이 나서 노래를 했다. 결국 화가 난 한별이가 엄마한테 소리를 지르자 엄마도 아빠한테 가라며 한별이를 밀어냈다. 엄마는 제대로 놀아주지 못하고 아이와 어긋나기만

떼가 심하고 고집이 센
우리 아이

했고, "내가 네 거야? 내가 네 거냐고? 난 네 거 아니야" 같은 엄마로서 아이에게 절대 하면 안 되는 말까지 했다.

집안 서열 꼴찌, 아빠

매일 아침 한별이는 출근하는 할아버지를 못 가게 막느라 생떼의 진수를 보이곤 했다. 맨발로 현관까지 뛰쳐나가서는 할아버지의 손을 잡고 집 안으로 다시 끌고 들어오기를 몇 번이나 반복하고 나서야 할아버지는 겨우 출근을 할 수 있었다. 그런데 잠시 후 아빠가 출근을 한다고 하자 "아빠 갔다 올게. 아빠 뽀뽀!" 뽀뽀를 해달라고 아무리 매달려도 하는 둥 마는 둥 본 척도 하지 않는다. 아빠는 아이가 아빠를 필요로 하지 않을 정도로 양육자의 역할에서 완전히 밀려나 있는 상태였다.

우리 아이를 달라지게 하는 완벽 솔루션

단계적 언어 자극 실시

언어 발달 지연이 계속 되면 이해력이 떨어지고, 그로 인해 2차적 인지 발달 지연이 올 수 있다. 이를 막기 위해서는 먼저 아이가 이해할 수 있는 언어 수준으로 언어적 자극을 주는 것이 필요하다. 일상생활에서 부딪치는 간단한 단어의 의미조차 제대로 이해하지 못하는 한별이를 위해 가족들은 말과 몸짓으로만 상황을 전달하는 연습이 필요하다.

호기심을 자극하라

상자 안에 아이가 처음 보는 다양한 물건을 가득 담아놓는다. 그리고 아이가 먼저 호기심이 생겨서 물어볼 때까지 기다려준다. 잠시후 한별이가 상자 안에 있는 물건들의 이름을 물어보기 시작하면 하나씩 대답해주고 쓰임새까지 설명을 해준다. 그러면 아이는 가족의 말을 금방 따라할 것이다.

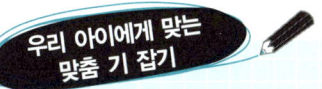

문제 행동이 예상될 때는 미리 제지하기

한별이가 또 할아버지의 손을 잡고 가게로 향한다. 할아버지가 단호하게 한별이를 말려도 가게 앞에 무조건 드러눕는 고얀 버릇이 나오자 할아버지가 당황하기 시작한다. 이렇게 아이가 떼를 쓸 것 같으면 번쩍 아이를 안고 그 자리를 떠나는 것이 좋다. 행동을 제지 당했을 때 아이가 할아버지의 머리를 잡아당기거나 손찌검을 할 수도 있는데, 이런 문제 행동이 미리 예상될 때는 아이의 손을 가볍게 잡고 예상되는 행동을 하지 못하게끔 도와주는 것도 좋은 방법이다. 그래도 아이가 심하게 저항을 하면 훈육에 들어가야 하는데, 말이 통하지 않는 아이에게 긴 설명은 전혀 도움이 되지 않는다. 가급적 짧은 말로 아이가 진정할 때까지 기다려준다. 응석받이로 자라온 한별이에게 훈육의 과정은 여느 아이들에 비해 더 길고 힘들 것이다. 하지만 아이를 올바르게 가르치려면 아이도 가족들도 모두 견뎌내야 한다.

아빠가 출근을 하든 말든 신경도 쓰지 않고 아빠 사진엔 뽀뽀조차 하지 않았던 한별이가 이제는 가족사진 중에 아빠 사진에 제일 먼저 뽀뽀를 한다. 할아버지가 아닌 아빠하고 단둘이 간 가게에서도 떼를 부리지 않고 꼭 사야 할 것만 사는 의젓한 아이가 되었다. 엄마가 양말을 가져오라고 하자 말귀를 못 알아듣던 예전의 모습은 온데간데없고, 냉큼 양말을 가져와 "여기 있어요"라는 말까지 한다. 가족들은 2주간의 짧은 솔루션 기간 동안 몰라보게 달라진 아이를 보자 사랑하는 만큼 바르게 키우는 것이 얼마나 중요한지 다시 한 번 깨달았다.

밤이면 밤마다 자다 깨서 울어요

부모의 남모를 고충

다빈이 엄마와 아빠에게 밤은 그야말로 공포의 시간이었다. 잠잘 시각이 훨씬 지났는데도 다빈이가 잘 생각을 하지 않기 때문인데 옆집 사람들 잠까지 다 깨울 심산인지 레퍼토리를 바꿔가며 목청 높여 노래를 부르지를 않나, 내일 아침 일찍 출근해야 하는 아빠를 붙잡고 놀자고 떼를 쓰지 않나, 밤이면 밤마다 반복되는 다빈이의 잠 거부에 엄마와 아빠는 만성 수면 부족에 시달릴 지경이다.

그런데 밤 12시가 넘어 겨우 잠이 든 다빈이가 새벽 2시가 넘자 갑자기 또 움직이기 시작했다. 누가 깨우지도 않았는데 몸을 활처럼 휘고 발꿈치가 깨져라 발을 구르며 울더니, 엄마 품에서 한참을 뒤척인 후에야 잠이 들었다. 그런데 새벽 5시에 또다시 온 집안이 떠나가라 울어댔다. 이렇게 밤새도록 깼다, 잠들었다를 반복하다 보니 정작 어린이집에 가야 할 아침 시간에는 잠에 취해 어린이집도 안 가겠다고 고집을 부렸다. 어린이집에 가서도 낮잠 시간이 문제다. 다른 친구들은 다 잠을 자는데 다빈이 혼자 잠을 안 자려고 버텼다. 밤잠을 설쳐 졸릴 법도 한데 선생님이 다빈이를 안고 아무리 등을 토닥여주고 자장가를 불러줘도 단 1분도 눈을 감지 않았다.

이렇게 하루 종일 잠을 안 자다 보니 다빈이의 하루는 사사건건 짜증과 떼의 연속이었다. 아직 겨울인데 내복을 벗겠다고 난리를 치더니 원하는 대로 벗겨주자 또 벗겼다고 짜증이다. "어떻게 해줄까?" 아무리 물어봐도 대답도 없고 막무가내로 엄마를 따라다니며 울며불며 짜증을 부리는 통에 엄마는 그야말로 미치기 일보 직전이라는데, 대체 다빈이는 무엇이 문제인 걸까?

혼돈 중 각성

잠을 자기 전에도 괴롭지만 잠을 자다가도 수시로 깨서 울부짖는 다빈이의 문제 행동이 혹시 야경증은 아닌지 수면 다원 검사가 실시되었다.

야경증이란 밤에 잠을 자다가 갑자기 깨서 놀라는 증상이다. 주로 잠이 들고 두 세 시간 안에 나타나는데, 생후 6개월에서 만 6세 전에 많은 아이들이 이러한 수면 관련 장애 현상을 보인다.

검사 결과 다빈이는 수면 장애 중 하나인 혼돈 중 각성이라는 진단이 내려졌다. 즉, 잠을 잘 때 수면을 방해하는 뇌파가 수시로 발생해 깊은 잠에 들지 못하고 갑자기 깰 수밖에 없었는데, 그랬을 때 주변에 대한 인식이 떨어져 수면의 질이 상당히 떨어진다는 것이다. 이런 수면 장애의 경우 스트레스를 받는 육아 환경이 그 원인의 하나로 작용한다.

스트레스를 받는 육아 환경

엄마와 아빠는 평소에도 말다툼이 잦았다. 잠 부족으로 다빈이의 생트집이 늘어갈수록 싸움의 빈도는 더욱 잦아졌는데, 아이 앞에서도 감정 섞인 말들을 자주 했다. 특히 엄마는 속상한 마음에 다빈이를 안고 우는 행동을 자주 보였는데, 이런 날이면 다빈이는 어김없이 자다 깨기를 반복했다.

> "엄마는 아이가 잠을 안 잘 때마다 무기력해지고 불안해지고 죄책감도 느끼는 것 같아요. 그래서 아이를 안고 우는 행동을 자주 하는데요. 이 시기의 아이들은 자기중심적으로 생각을 하는 나이입니다. 그래서 엄마가 자주 눈물을 흘리거나 울적해하면 '나는 나쁜 아이구나' 하는 죄책감을 느끼게 됩니다."
> — 이보연 아동상담전문가

일상 전반에 걸쳐 다빈이가 보이는 문제 행동이 하나 더 있었다. 아빠와 마트에 간 다빈이가 인형을 사달라고 조르는데 아빠가 안 된다고 하자 "뱀 같아! 아빠, 징그러운 뱀 같아!" 다빈이가 아빠를 뱀 보듯 밀어낸다. 그런데 같은 마트, 같은 장난감 코너 앞에 엄마와 함께 있을 때 다빈이의 태도는 180도 달랐다. 장난감을 사달라는 다빈이에게 엄마가 "다빈아, 오늘은 그냥 가고 다음에 사자"라고 말하자 얌전히 장난감 코너를 지나쳤다. 밥을 먹을 때도 아빠한테는 "야! 자!" 반말을 하지만, 엄마에게는 순한 양이 따로 없었는데, 왜 이런 행동을 보이는 것일까?

"아이가 보기에 엄마가 아빠에 대한 불평이 많아 보이는 거예요. 엄마가 아빠를 무시하는 모습을 보면, 아이는 '나도 아빠를 무시해야지'라고 생각합니다. 아이 앞에서는 일부러라도 밝고 행복하고 긍정적인 모습을 많이 보여주셔야 합니다. 그래서 아이로 하여금 '우리 가족은 행복하다. 그리고 엄마와 아빠가 나를 사랑하고 있구나'라는 걸 느끼게 해야 합니다."

— 이보연 아동상담전문가

잠자리 환경의 변화

가족 모두가 편안하게 잠을 자기 위해서는 잠자리 환경 개선이 필요하다. 먼저 그동안은 가족이 한 방에서 자면서 모두가 다빈이의 잠투정을 받아주느라 힘들었는데 당분간은 잠자리를 분리해 아빠와 동생은 거실에서, 엄마와 다빈이는 방에서 잠을 자도록 한다.

또한 다빈이 방의 벽지는 시각적으로 어지러운 무늬로 잠을 이루기 쉽지 않은 모양이었는데, 벽지를 시각적·정서적으로 안정을 주는 자연 색채인 녹색으로 바꿔주면 수면 분위기를 조성하는 데 도움이 된다. 그리고 쾌적한 숙면을 위해서 실내 온도는 22~23도, 습도는 50%, 이불 속의 온도는 32~34도가 적당하다.

취침 전 수면 습관들이기

수면에 대한 자극이 너무 강하면 안 된다. 매일 업어서 재운다거나 자동차에 태워서 재우는 사람들도 있는데, 그런 강한 자극에 벌써 맞춰지면 아이는 그렇게 하지 않으면 잠들지 못한다.

일정한 취침 시간을 정해놓고 2시간 전부터 흥분하거나 피곤해지지 않는 정적인 활동을 유도한다. 그리고 '○○한 일이 있고 나서 잠을 자게 될 것이다'와 같이 잠자리를 예견하게 되는 일과를 규칙적으로 한다.

수면 마사지

아침과 밤에 하는 마사지는 그 효과가 다르다. 그동안 엄마는 다빈이를 재우기 위해 '쭉쭉이 스트레칭'을 자주 해줬다. 그러나 '쭉쭉이 스트레칭'은 오히려 아이의 근육을 긴장시켜 잠자기 전에 해주기에는 적절치 않은 마사지다. 저녁때는 다리를 잡고 길게 빼주고 발가락은 힘을 빼서 살짝 튕겨주는데 너무 자주 하는 것보다 포근히 감싸서 아이를 안정시켜주는 것이 좋다. 이런 방법을 아이가 잠들기 전 15~20분 정도 해주면 좋은 효과를 기대할 수 있다.

101

아이가 심하게 잠을 거부하는 것은 아니지만 칭얼거리며 잠자기를 거부할 때는 강제로 재우거나 야단칠 필요는 없다. 부드러운 목소리로 다시 한 번 "엄마는 잘 거니까 깨우지 마"라고 말해주고 자는 척을 한다. 아무리 엄마를 불러도 반응을 해주지 않으면 아이는 스스로 잠을 청한다.

우리 아이에게 맞는
맞춤 기 잡기

일관된 태도의 훈육

엄마와 아빠의 달라진 행동을 테스트해 보려는 건지 다빈이가 갑자기 없는 간식을 내놓으라며 생떼를 부린다. 이때는 간식을 먹느냐 안 먹느냐가 중요한 게 아니라 부모의 일관적인 의견을 관철시키는 과정이 중요하다. 아빠는 아이를 위해 훈육을 시도하는데, 이때 아이들은 보통 때보다 1.5배는 더 심하게 떼를 부리며 저항할 것이다. 그러나 끝까지 화를 내지 말고 아이를 보듬어줘야 한다. 아이가 오줌을 싸면서 저항을 해도 절대 훈육을 멈춰서는 안 된다. 이럴 때 아빠가 아이를 야단치고 화를 내게 되면 아이는 무서워서 순간적으로 떼를 참지만 대신 앙심을 품게 된다. 하지만 아빠가 화내지 않고 일관적으로 아이를 기다려주면 아이는 기분 좋은 경험으로 훈육을 기억하게 된다.

애착 형성 신체 놀이

다빈이의 놀이 검사 결과, 보통의 아이들은 새로운 놀이기구를 보면 엄마와 아빠에게 먼저 "이것 봐!"라고 하는데 다빈이는 눈 마주침이나 상대방과의 상호작용이 전혀 없었다. 이는 부모와 아이 간의 상호작용이 부족했기 때문인데 상호작용이 부족한 아이들은 엄마와 아빠가 자기와 놀았을 때 자신이 아주 중요한 사람이라는 것을 느끼게 해주는 놀이가 좋다.

이불 그네
엄마 아빠가 아이를 가운데 두고 양쪽에서 이불을 잡고 그네를 태워준다.

밤에 잠들기도 쉽지 않았지만 잠을 자다가도 자꾸 깨어 밤이면 밤마다 괴로웠던 다빈이네, 어떻게 달라졌을까? 이젠 잠들기 2시간 전이면 다빈이가 먼저 잠잘 준비를 시작한다. 아빠와 즐겁게 목욕을 하고, 몸과 마음을 편안하게 이완시켜주는 사랑이 담뿍 담긴 마사지도 받는다. 그리고 엄마 옆에 누워 스르르 잠이 드는데 누가 업어 가도 모를 정도로 깊은 잠에 빠진 다빈이를 보자 더 이상 다빈이네 집에 악몽은 없을 것 같았다.

3

집착이 심한
우리 아이

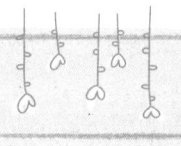

내 것도 내 것,
네 것도 내 것인
욕심쟁이예요

묻지도 따지지도 않고 무조건 다 '내 거!'

4살 예빈이가 아랫집에 사는 친구 집에 놀러갔다. 그런데 손님이 왔다고 이것저것 장난감을 건네주는 친구에게 "내 거야!" 7옥타브 고함을 지르더니 친구가 가지고 노는 장난감을 몽땅 다 독차지해버린다. 억울하지만 내 집에 온 손님을 서운하게 할 수 없는 친구가 다른 장난감을 가지고 놀자 또다시 달려가 뺏어버린다. 누군가의 손에 무언가가 들려 있기만 하면 무조건 다 '내 거'라고 우기는 탓에 예빈이는 친구 집에 가서 단 한번도 웃으면서 나온 적이 없는데 자기보다 덩치 큰 동네 형들이 가지고 있는 야구방망이도 예외는 아니다. 다짜고짜 달려가 야구방망이를 내놓으라고 고함을 치더니 형들이 야구방망이를 주지 않자 큰 울음 떼로 맞선다. 결국 야구방망이를 뺏는데 성공한 예빈이가 엄마를 불러 혼자서 공을 던지고 치며 논다.

이렇게 세상 모든 물건을 다 '내 거'로 만들어야 직성이 풀리는 예빈이 때문에 가장 피해를 보고 사는 사람은 한 집에 사는 8살 형과 7살 누나다. 누나가 생일 선물로 받은 보석 상자까지 자기 것이라고 우기는 예빈이 때문에 누나는 자기 보석 상자를 만질 때도 방에 들어가 방문을 걸어 잠그고 몰래 만질 수밖에 없었고, 형 역시 육포 한 조각을 먹을 때도 예빈이 눈치를 살펴야 했다. 부엌에 많고많은 육포 놔두고 꼭 형이 먹고 있는 육포만 먹겠다고 고집을 피우는 예빈이 때문에 형은 매번 입안에 든 육포까지 내주어야 했다.

그런데 일상을 관찰하던 중 또 다른 문제가 포착되었다. 집안에 손님들이 와 있는데도 예빈이가 엄마 가슴을 만지겠다고 고집을 부린다. 모유를 중단한 15개월부터 34개월까지 예빈이는 시도 때도 없이 엄마 가슴에 집착하는 모습을 보였는데, 처음에는 졸릴 때만 엄마 가슴을 찾더니 점점 엄마 가슴에 집착하는 강도가 심해졌다. 특히 사람이 많거나 익숙하지 않은 장소에서 더 그랬는데 시아버지 앞에서도 엄마 가슴을 만지겠다고 울며불며 매달리는 예빈이 때문에 엄마는 민망할 때가 한두 번이 아니었다. 대체 예빈이는 무엇이 문제일까?

집착이 심한
우리 아이

애정 욕구를 충족시키기 위한 공격적인 방법

엄마 가슴에 집착하는 것은 비단 예빈이만의 문제가 아니다. 놀랍게도 〈우리 아이가 달라졌어요〉 고민 상담 게시판에는 상당수의 엄마들이 이 문제로 힘들어하고 있었다.

> "엄마의 가슴 만지기는 아이 스스로 애정 욕구를 충족시키기 위한 공격적인 방법입니다. 아이들이 태어나서 엄마와 첫 관계성을 맺는 게 가슴입니다. 엄마랑 나랑 통할 수 있는 방법은 가슴을 만지는 거라고 생각하는 거죠. 그래서 아이들은 엄마의 가슴을 공격적으로 만지게 되는데 가슴을 만짐으로써 정서적인 충족감을 채웁니다."
>
> — 백종화 아동상담전문가

잘못된 주도성의 원인은 엄마

일반적으로 24개월에서 40개월까지는 주도성이 발달되는 시기다. 주도성은 보통 "내가 할 거야!", "내가 그럴 거야!"와 같이 표현이 되는데, 예빈이는 무조건 "내 거야!" 하는 소유욕과 남의 물건을 빼앗는 것으로 주도성이 잘못 형성되어가고 있었다. 이런 예빈이의 삐뚤어진 주도성 발달 문제의 가장 큰 원인은 엄마의 행동에서 찾을 수 있다. 예빈이가 누나의 보석 상자를 또 자기 것이라고 우기자, 누나가 아예 보석 상자의 열쇠를 숨겨버렸다. 그러자 예빈이가 목청이 찢어져라 울기 시작한다. 집안 시끄러워지는 것이 싫은 엄마는 누나에게서 냉큼 열쇠를 받아 예빈이에게 준다. 엄마는 예빈이가 울기만 하면 일단 갖고 싶은 물건을 모두 쥐여주고 눈물을 닦아내기 바빴다.

주말부부의 영향–엄마의 에너지 고갈

예빈이가 태어나면서 주말부부를 시작한 엄마는 3년째 아이들을 혼자 키우고 있었다. 혼자서 아이를 키우다 보니 엄마의 지친 에너지는 지지받지 못해 재생산되거나 회복하지 못했다. 이런 엄마의 양육 태도는 예빈이에게 뿐만 아니라 나머지 두 아이들에게도 악영향을 미쳤는데, 일상을 관찰하던 중 형의 태도에서 이상한 점이 발견되었다. 언제나 의젓했던 형이 갑자기 매실을 달라고 엄마에게 소리를 지르더니 얼음을 넣어서 빨리 주지 않으면 계속 소리를 지르겠다고 협박까지 했다. 게다가 요즘 들어 부쩍 형과 누나가 다투는 일도 잦아졌다. 이런 형과 누나의 심리 상태를 알아보는 검사가 진행되었다. 그런데 가족들이 뭔가를 하고 있는 그림을 그리라고 하자, 형은 엄마와 예빈이를 가장 먼 곳에 배치해서 그렸다. 이는 심리적으로 엄마와 예빈이의 거리가 가장 멀다고 볼 수 있다. 누나의 그림에는 오빠와 아빠만 존재했는데, 이 역시 엄마로부터 도움을 못 받고 상처를 많이 받고 있다는 것을 의미했다.

엄마의 에너지 업!

무엇보다 시급한 사항이 엄마의 에너지 충족이다. 이제부터 아빠는 엄마의 에너지원이 되어줘야 한다. 엄마의 에너지원이 충족되어야 아이들에게도 에너지가 전달이 될 수 있기 때문인데, 특히 주말부부는 이벤트를 자주 하는 것이 좋다. 주말부부 3년 동안 한 번도 아빠의 숙소에 와 본 적이 없는 가족들이 처음으로 아빠의 숙소를 찾았다. 가족들을 위해 아빠가 준비한 깜짝 파티와 아내를 위한 편지가 공개되자 그동안 힘들었던 엄마의 마음이 눈 녹듯 사라졌다.

비주도성 바로 잡기

그동안 삼 남매는 '내 거, 네 거' 구분 없이 물건을 사용했다. 하지만 비효율적인 주도성을 가지고 있는 아이들에게는 '내 거'와 '남의 것'을 정확하게 구분하는 법을 알려주어야 한다.

영역 나누기
생활 속에서 아이들의 공간을 분리시킨다. 그리고 아이들 각각의 이름이 적힌 박스에 각자의 물건을 담게 해 물건의 사용권이 누구에게 있는지 확실히 인지시킨다.

빌려 쓰기
서로의 물건을 빌려 쓸 때는 먼저 상대의 허락을 받고, 빌려줄 때는 돌려주는 기한을 정하는 연습을 한다.

또한 그동안 뭐든지 다 '내 거'라고 우기는 동생 때문에 감정의 상처가 쌓여 있었던 형과 누나를 위해 사랑의 우체통을 준비했다. 그동안 엄마에게 말로 표현하지 못하는 감정을 편지로 전달하자 서로의 마음을 좀 더 깊이 알 수 있었다.

가슴 집착 개선 훈육

아이가 엄마의 가슴을 만지려고 할 때는 아이 스스로 "이제 됐어"라고 말할 때까지 충분히 충족시켜줄 필요가 있다. 충족의 경험이 있어야 아이가 단계적으로 조절이 가능하다.

먼저 예빈이가 엄마의 가슴을 만지려고 할 때 엄마가 먼저 방에 들어가서 만지자고 제안을 한다. 매번 '된다, 안 된다' 실랑이 끝에 가슴을 만지는 것을 허락했던 예전의 엄마와 달리 마음껏 포근히 아이를 감싸주자 예빈이가 엄마의 가슴을 만지는 것 대신 초콜릿을 먹겠다고 한다. 시간을 충분히 주었을 뿐인데 이렇게 갑자기 달라지다니 엄마는 믿어지지가 않았다. 충분한 충족의 경험을 한 후에는 시간 제한을 두기 시작한다. 시계를 가리키며 가슴을 만질 수 있는 시간을 스스로 정하게 하고, 그 시간이 되면 "이제 그만"을 외치면 된다. 놀랍게도 약속한 시간이 되자 예빈이 스스로가 가슴 만지는 것을 그만두고, 밖에 나가서 놀겠다고 한다.

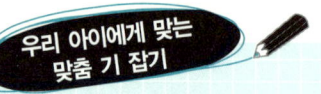

훈육도 마무리가 중요하다

훈육도 에너지가 있어야 가능하다. 그동안은 엄마가 지쳐 있었기 때문에 훈육 마무리가 잘 되지 않았다. 또한 아빠의 부재로 미안한 마음에 '되고, 안 되고'의 기준을 끝까지 지키지 못했다. 그러나 기준을 지키고 끝까지 자리를 뜨지 않고 훈육을 시도해야 아이의 변화를 기대할 수 있다.

아무리 악을 쓰고 울어도 엄마가 흔들리지 않고 예빈이 스스로 진정할 수 있는 시간을 주자 예빈이가 감정을 진정시킨다. 그러자 예빈이가 야구를 하겠다고 욕구를 전환시켰는데 이럴 때 엄마는 과거처럼 "어, 그래" 하고 그냥 훈육을 끝내는 것이 아니라, 앞으로 예빈이가 지켜야 할 것들을 약속하고 훈육을 마무리해야 한다. 훈육도 마무리가 중요하다는 것을 잊지 말자.

우리 아이 어떻게
달라졌을까?

친구가 장난감을 가지고 있는 족족 다 내 거라고 우기는 탓에 제대로 된 친구 하나 없던 예빈이가 친구에게 그네를 타도 되냐고 먼저 물어본다. 엄마도 예빈이 때문에 화낼 일이 없어지자 육아에 대한 부담이 반으로 준 것 같아 한결 편해졌단다. 아이의 눈을 들여다보고 아이의 말에 귀를 기울이기 시작하자 가족은 더 행복해졌다.

어린 나이에
벌써부터 돈을 밝혀요

엄마 지갑까지 뒤지는 아이

종현이가 세상에서 가장 좋아하는 것은 '돈'이다. 돈 싫어하는 사람이 있겠느냐마는 이제 6살밖에 안 된 아이가 시도 때도 없이 돈을 달라고 조르고, 돈을 주지 않으면 엄마 지갑에까지 손을 대니 문제였다. 그 바람에 엄마는 매번 빼앗기듯 돈을 줄 수밖에 없었는데 돈을 받아서는 냉큼 슈퍼에 달려가 군것질을 하는데 돈을 다 써버렸다. 그리고 나서는 또다시 집에 와 돈타령을 했다. 하루 종일 돈타령하는 종현이를 피해 엄마가 잠깐 자리를 비우자 이번엔 타깃이 제작진한테 꽂혔다. 다짜고짜 촬영 중인 제작진의 주머니를 뒤지더니 안 된다고 하자 바닥에 대(大)자로 누워 반항을 한다. 다행히 옆에 있던 동네 아저씨의 만류로 촬영이 중단될 위기는 넘겼는데 이번엔 동네 아저씨를 붙잡고 돈을 달라고 생떼를 부렸다. 동네 깡패도 아니고 아무나 붙잡고 돈을 달라고 조르는 종현이 때문에 엄마는 결국 또 돈을 줄 수밖에 없었는데, 이번엔 가지고 온 돈보다 더 많은 물건을 사고 당당하게 외상을 긋고 나가버린다. 돈 밝히는 종현이의 또 다른 문제는 이처럼 돈이 없어도 꽂히면 무조건 사야 직성이 풀린다는 것이다. 엄마가 아무리 돈을 안 가지고 왔다고 해도 무조건 욕을 하고 아무나 붙잡고 시비를 걸고 심지어 길 한복판에 노상방뇨를 하며, "돈 내놔라" 소리를 지르는 탓에 엄마는 어떻게든 돈을 마련해줄 수밖에 없었다.

딱히 먹고 싶거나 사고 싶은 게 없을 때도 종현이의 돈타령은 계속되었다. 밥을 두 그릇이나 두둑이 먹고도 종현이가 음료수를 먹겠다고 고집을 부린다. 돈을 안 주면 또 어떤 사고를 칠까 싶어 엄마가 일단 음료수 값을 계산하는데, 음료수를 받더니 자기는 배가 부르다며 옆에 있는 누나에게 덥석 음료수를 안겨준다. 누나가 안 먹겠다고 하자 몰래 쓰레기통에 버리기까지 하는데 종현이는 왜 이렇게 물건을 사는 데 집착하고, 매일 같이 돈을 달라고 떼를 쓰는 것일까?

아빠 개미가 가족들을 모두 죽였어요

가족의 일상을 관찰하던 중 천방지축 까불이 종현이의 의외의 모습이 포착되었다. 아빠가 공부에 소홀히 하는 형과 누나를 무섭게 혼내자, 자기가 혼이 나는 것도 아닌데 종현이가 불안한 듯 손가락을 빨기 시작했다. 잔뜩 겁에 질려 엄마한테 매달리는 모습은 제작진도 당황스러울 수밖에 없었는데, 종현이는 아빠를 어떻게 생각하고 있을까? 전문가와 함께 속마음을 알아봤다. 집의 모습을 그려보라는 전문가의 말에 종현이는 가족을 사람이 아닌 '개미'로 형상화해서 그렸다. 그러더니 "아빠 개미가 다 죽였어. 가족들이 말 안 들어서 아빠 개미가 다 죽였어"라고 말했다. 종현이는 아빠를 극도로 무서워하고 있었다.

> "형과 누나조차 무서워하는 아빠는 종현이한테 있어서는 당연히 더 무서운 존재입니다. 6살 종현이에게 집은 무서운 곳이고, 그런 종현이 마음은 외롭고 쓸쓸할 뿐입니다."
>
> **– 오은영 소아청소년정신과 전문의**

집안의 서열 꼴찌 엄마

그렇다면 엄마는 어떻게 생각하고 있을까? 종현이에게 집안의 서열을 묻는 간단한 질문을 하자 '아빠＞형＞누나＞종현＞엄마' 순서로 대답했다. 종현이는 엄마의 서열을 가족들 중 제일 꼴찌로 생각하고 있었는데, 그렇다 보니 자기보다 서열이 아래인 엄마가 하는 말은 귓등으로도 안 들을 수밖에 없었다. 엄마는 아이가 떼를 쓰고 폭발을 하면 처음에는 안 된다고 하다가 결정적인 순간에 허용으로 바뀌었다. 원하는 것을 다 들어줄 뿐 아니라 종현이가 욕하고 악을 쓰는 잘못된 행동을 해도 전혀 훈육을 하지 않았다. 이러니 아이는 엄마를 '뭐든 들어주는 사람'이라고 인식해 엄마의 말을 하나도 무서워하지 않았다. 그래서 뭐든 내키는 대로 행동하고 원하는 것을 얻을 때까지 요구하게 된 것이다.

부모의 사랑을 돈과 물건 사기로 채운 아이

"종현이는 부모로부터 '사랑해주세요' 하는 요구나 놀아달라는 마음을 제대로 수용 받아 본 적이 별로 없어요. 결국 아이는 돈을 주고 물건을 사주는 것이 사랑을 주는 방법이라고 생각하게 된 겁니다. 그래서 사랑 받고 싶은 마음이 들 때마다 끊임없이 돈을 요구하게 된 거죠."

– 오은영 소아청소년정신과 전문의

돈을 주고 물건을 사주는 것이 사랑이라고 생각한 종현이는 돈을 안 주면 바로 사랑에 대한 거절이라고 느꼈다. 그래서 엄마가 돈을 안 줄 때마다 종현이는 "엄마는 나만 싫어하잖아"라는 말을 입버릇처럼 하며 사랑의 증거인 돈을 내놔라 화를 표출했던 것이다.

보이는 쇼핑 통장 만들기

몇 년간 굳어진 쇼핑 습관을 하루아침에 바꾸기는 어렵다. 다각적인 방법으로 돈과 쇼핑에 대한 집착을 다스리기 위해 '보이는 쇼핑 통장'을 마련한다. 보이는 쇼핑 통장이란 아이가 구입한 물건의 사진을 붙여 아이 스스로가 돈의 사용처를 확인할 수 있게 하는 통장인데, 이때도 규칙을 정하는 게 중요하다. 일정한 양의 칭찬 스티커를 받으면 돈 얼마와 바꿀 수 있고, 하루에 쇼핑의 기회는 단 1회로 제한한다. 드디어 보이는 쇼핑 통장을 받은 지 3일째 되는 날 칭찬 스티커 7장을 다 모은 종현이가 용돈 천 원을 받았다. 돈을 받자마자 아니나 다를까 냉큼 슈퍼로 달려갔는데, 쓸 수 있는 돈은 단 돈 천 원뿐인 종현이는 심사숙고해서 물건을 고른다. 예전에는 한 번에 오천 원, 만 원 쓰는 것도 우스웠는데, 달라진 종현이의 모습을 보자 슈퍼 아저씨가 더 놀랐다.

놀이를 통해 사랑 느끼기

가족의 사랑이 충분하면 돈에 대한 집착도 줄어든다. 병원 놀이는 평소에 스킨십이나 친밀한 행동이 거의 없는 부모와 아이가 자연스럽게 스킨십을 하게 하여 친밀도를 높여주고 엄마 아빠의 사랑을 확인해주는 좋은 놀이다.

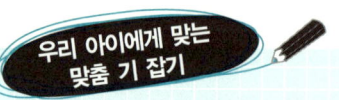
머리가 아닌 몸으로 배우는 훈육

종현이가 평소처럼 또 엄마 돈을 강탈해 슈퍼로 달려간다. 그러더니 계산도 하기 전에 우유를 뜯기까지 했는데, 이때는 아이가 마음대로 물건에 손을 댔기 때문에 절대 먹을 수 없다고 얘기를 해야 한다. 그리고 좀 아깝기는 하지만 뜯은 우유는 단호하게 버린다. 그러자 예상대로 종현이가 난리를 친다. 이런 때가 바로 훈육에 들어가야 할 때인데 주의해야 할 점은 훈육을 시작하기 전에는 반드시 아이를 조용한 곳을 데려가야 한다. 그러나 처음 받아 보는 훈육에 종현이의 저항이 만만치 않다. 그러나 아이들은 아직 어리기 때문에 머리로 배우는 것보다 몸으로 배우는 것이 더 쉽다. 예전과 달리 엄마의 태도가 단호하자 종현이가 애걸복걸 매달리며 엄마를 웃기기 시작한다. 하지만 아이의 평생을 좌우하는 자기 조절을 가르치는 과정에서 엄마가 먼저 웃어버리면 아이는 훈육하는 과정조차 장난으로 알게 된다. 때문에 훈육자는 절대 먼저 웃어서는 안 된다. 어떻게 해도 엄마의 행동이 흔들리지 않자 종현이가 깊은 생각에 빠진다. 그러더니 스스로 잘못을 인정하고 앞으로 잘하겠다는 다짐까지 한다. 오늘 엄마와 종현이는 변화의 큰 산을 힘겹게 넘었다.

단호한 훈육 톤을 연습하기 위한 거울 요법

어미 처리가 정확해야 의사 전달이 확실히 된다. 지시를 할 때는 "하지 마! 안 돼!"와 같이 어미를 단호하게 한다.

발성 역시 목소리가 너무 뜨면 아이에게 믿음이 가지 않으니 주의한다.

매일같이 돈타령에 한 시간이 멀다 하고 슈퍼를 들락날락거렸던 종현이가 얼마나 달라졌을지 엄마가 심부름을 시켜봤다. 만 원으로 세수 비누 다섯 개를 사고 남은 돈은 거슬러오라는 엄마의 심부름을 종현이는 무사히 해낼 수 있을까? 엄마가 돈을 주자 종현이가 냉큼 슈퍼로 달려간다. 그러더니 산처럼 쌓인 과자에 눈길 한 번 주지 않고, 정확히 세수 비누 다섯 개와 거스름돈을 챙겨 그대로 슈퍼를 나온다. 그런데 무사히 슈퍼를 나오던 종현이가 갑자기 음료수 냉장고 앞에서 발길을 멈춘다. 음료수가 무척 먹고 싶은 표정인데, 이내 눈을 한 번 질끈 감더니 다시 집으로 발걸음을 옮긴다. 이제 먹고 싶은 게 있어도 참을 줄 알고, 내 돈이 아니면 함부로 써서는 안 된다는 것을 알게 된 종현이. 2주간의 솔루션을 통해 종현이는 돈보다 더 값진 것을 얻었다.

태어나서 지금까지 밥을 먹은 횟수가 5번도 안 돼요

인스턴트에 중독된 아이

진호는 태어나서 지금까지 밥을 먹은 횟수가 다섯 번이 채 되지 않는다. 밥 대신 진호가 먹는 것은 놀랍게도 과자와 이온 음료뿐이었다. 한참 잘 먹고 잘 커야 하는 나이, 엄마는 어떻게든 밥 한 숟가락이라도 먹여 보려고 오늘 아침도 밥그릇을 들고 진호와 추격전을 벌인다. 10여 분의 쫓고 쫓기는 추격전 끝에 드디어 엄마가 진호를 붙잡았다. 그런데 입에 밥알 하나가 들어갔다고 진호가 억지로 토를 한다. 심지어 혓바닥에 밥풀이 닿았다며 방바닥에 혀를 닦는 엽기적인 행각도 서슴지 않았는데, 매번 밥만 먹이려고 하면 이런 이해하지 못할 행동들을 하는 진호 때문에 엄마는 오늘도 아침 밥 먹이는 것을 포기할 수밖에 없었다. 그렇다고 어린이집에 굶겨 보낼 수는 없는 일, 엄마는 울며 겨자 먹기로 진호에게 과자를 줄 수밖에 없었다. 과자를 보자 진호의 눈에 하트가 그려지더니 어린이집 차를 타러 가는 동안에도 손에서 과자 봉지를 놓지 않는다. 심지어 땅에 떨어진 흙 묻은 과자도 악착같이 주워 먹겠다고 고집을 부리는데 어린이집에 가서도 진호의 밥 거부는 계속되었다. 다른 친구들은 모두 식판에 음식을 받고 얌전히 밥을 먹는데 진호는 자기 식판에 과자가 아닌 밥을 올려놨다고 난리다. 결국 새 식판 위에 집에서 가지고 온 과자를 잔뜩 올려놓고 나서야 진호는 맛있게 점심밥(?)을 먹었다.

이런 진호에게 밥을 먹이기 위해 엄마는 그동안 안 써 본 방법이 없다. 3일 동안 굶겨 보기도 하고 아이들이 좋아하는 피자, 햄버거, 치킨을 상이 부러져라 차려주기도 하고, 심지어 밥에 사탕을 넣어서 주기도 했다. 하지만 진호의 관심과 사랑은 오직 과자뿐인데다 과자를 먹다가 목이 마르면 물 대신 이온 음료만 마셨다. 그렇다면 하루 종일 진호가 먹는 과자와 이온 음료의 양은 얼마나 될까? 관찰 카메라를 통해 진호의 24시간을 지켜본 결과 놀랍게도 진호는 어른 혼자 다 마시기도 힘든 1.5리터짜리 이온 음료를 혼자서 한 병 반을 마셨다. 게다가 냉장고와 싱크대 찬장 안에 가득가득 채워져 있는 각양각색의 과자는 삼 일이면 다 먹어치웠다.

이쯤 되니 밥 대신 과자와 이온 음료만 먹고 사는 진호의 건강이 걱정될 수밖에 없었는데, 아니나 다를까 모발 검사 결과 납이 허용 범위보다 2배나 높게 검출이 되었다. 납이 몸에 과량 축적될 경우

집착이 심한
우리 아이

학습 장애를 비롯한 정신적 장애 및 학업 성취 감소 등이 나타날 수 있다. 치아 검사 역시 충격적이었다. 현재 진호는 20개의 치아 중 이미 11개의 치아를 치료했고, 앞으로도 절반이 넘는 치아를 치료해야 할 정도로 충치 질환이 심각했다.

과도한 설탕 섭취로 인한 행동 장애

밥을 완전히 거부하고 과자나 이온 음료만 먹는 진호는 편식의 수준을 넘어 인스턴트 중독이었다. 인스턴트 음식을 과다하게 섭취하게 되면 그로 인한 부정적인 영향들이 곳곳에서 나타나는데, 첫째로 과도한 설탕 섭취로 인한 행동 장애가 주요 특징이다. 그렇다면 진호가 하루 동안 먹는 설탕양은 어느 정도나 될까? 놀랍게도 이온 음료를 통해서 먹고 있는 설탕양이 120g, 각설탕으로 환산하면 33개나 되었다. 일일 섭취 권장량의 4배가 넘는 양이었는데, 거기에 과자까지 더해지니 진호가 하루에 섭취하는 설탕의 양은 실로 어마어마했다.

	1일 권장 섭취량	진호의 1일 섭취량
설 탕	35g (만 3세기준)	140.8g (각설탕 38.7개)
나트륨	2g (성인 기준)	2.32g

"아이들이 과도하게 설탕을 섭취하게 되면 굉장히 흥분을 잘하

고 충동적으로 바뀌며, 행동이 산만해집니다.”

- 오은영 소아청소년정신과 전문의

아나나 다를까 일상 관찰 중 진호는 별안간 밖으로 뛰쳐나가는 행동을 자주 보였다. 갑자기 충동적으로 도로로 뛰어가는 진호를 잡기 위해 제작진도 다급하게 뒤쫓아갈 때가 한두 번이 아니었는데, 흥분한 아이는 제작진의 말에도 좀처럼 집중하지 못했다.

“집중을 하지 못하면 정보를 제대로 뇌에 입력시키기 어렵습니다. 그럴 경우 아이의 지적 발달 과정에 부정적인 영향을 미치게 됩니다.”

- 오은영 소아청소년정신과 전문의

인스턴트 음식에 대한 경각심 제로!

그렇다면 진호는 언제부터, 왜, 과자와 이온 음료에 중독되었을까? 이유식을 처음 시작하려고 할 때부터 진호는 이미 아무것도 먹지 않으려고 했다는데, 생후 10개월이 된 진호의 동생을 보살피는 엄마의 양육 태도를 통해 그 원인을 찾을 수 있었다. 평소 설사가 잦다는 10개월 된 둘째에게 엄마는 아무렇지도 않게 뻥튀기를 쥐여주었다. 심지어 진호가 먹던 과자도 습관적으로 쥐여줬는데, 맛에 민감한 이유식 시기에 과자 맛을 본 아이들은 인스턴트에 중독될 가능성이 높다. 엄마는 이유식 시기에 진호에게도 과자를 줬을 가능성이 높다. 엄마는 아이들의 식습관과 몸에 해로운 인스턴트 음식에 대한 심각성을 간과하고 있었던 것이다.

엄마와 아이의 교감 제로!

일상을 관찰하던 중 엄마가 배가 아픈 적이 있었다. 그런데 아무리 엄마가 배가 아프다고 진호 앞에서 고통을 호소해도 진호는 들은 척도 하지 않았고, 엄마보다 지금 하고 있는 컴퓨터 게임이 더 중요한 듯 엄마에게 시끄럽다고 짜증까지 냈다. 일반적으로 5살 아이들은 100이면 100, 엄마가 아프면 걱정을 한다. 아이에게 엄마가 아프다는 것은 인터넷보다 훨씬 더 강한 정보인데도 진호는 엄마에게 전혀 반응하지 않았다. 이는 엄마와 아이의 애착 관계가 제대로 형성되지 않은 불안전한 상태이기 때문이다. 이러니 엄마가 아무리 아이에게 밥을 먹이려고 해도 아이한테 먹힐 리가 없었다.

과자를 당근과 채찍으로 사용하기

이제부터 아이에게 밥을 잘 먹으면 상으로 과자를 주고, 밥을 먹지 않으면 절대로 과자를 주지 않는다는 규칙을 정해준다. 이것이 바로 당근과 채찍 방법인데, 밥 먹을 시간이 되자 역시나 진호가 과자부터 찾는다. 그러나 밥을 다 먹는 사람만 과자를 먹을 수 있다는 규칙을 상기시키자 진호가 극렬하게 저항을 한다. 이때는 계속해서

"밥 먹어라" 얘기를 하는 것보다 밥을 먹어야 과자를 먹을 수 있다는 것을 행동으로 인식시키는 것이 중요하다. 아이가 보는 앞에서 엄마가 먼저 맛있게 밥을 먹고 과자를 먹어 보이면 말보다 더 큰 효과를 기대할 수 있다.

그래도 계속해서 밥 먹기를 거부하면 빈 숟가락을 뜨는 연습을 시도한다. 이때도 순서가 있는데 먼저 빈 숟가락을 손에 잡는 연습을 충분히 시킨 다음, 숟가락을 입에 대 보는 연습을 시킨다. 이때 숟가락을 입에 대면 과자를 준다는 당근을 제시한다. 그러면 더 큰 효과를 기대할 수 있다. 숟가락을 입에 대는 연습을 충분히 했다면, 그다음엔 숟가락에 슬쩍 밥풀을 묻혀 입에 대 보게 한다. 밥풀이 묻은 숟가락을 입에 갖다 대는 데 성공하면 칭찬으로 아이의 성취감을 높여준다.

놀이를 통해 음식에 대한 호기심 갖게 하기

먹는 게 즐겁고 행복하다는 것을 알려주기 위해 아이가 좋아하는 숫자나 글씨를 밥으로 만들어 보는 것도 좋다. 처음엔 쳐다보지도 않던 아이는 엄마가 밥으로 진호의 '진' 자를 쓰자 자기 이름이라며 관심을 보인다. 이때를 놓치지 않고 엄마가 "같이 해 볼래?" 하고 아이에게 권하자, 밥이라면 질색하며 도망가던 아이가 자기 손으로 직접 밥을 만지기까지 한다.

모델링

아이들에게 모델링은 아주 좋은 효과를 낸다. 다른 아이가 맛있게 밥을 먹는 모습을 보고 아이는 그동안 갖고 있었던 식사와 관련된 부정적인 생각들을 없애나갈 수 있는데 이를 위해 밥 잘 먹는 6살, 8살 남매가 초대되었다. 맛있게 밥을 먹는 남매를 보자 꿈쩍도 하지 않던 진호가 벌떡 일어나 밥상 앞에 와 앉는다. 그러더니 서서히 음식에 관심을 보이며 먹으란 말도 안 했는데 스스로 밥을 먹는다. 모델링을 통해 일어난 변화에 엄마는 웃음이 절로 나온다.

함께 과자 갖다 버리기

이제부터는 집 안에 있는 모든 과자와 이온 음료를 버려야 한다. 이때 주의할 점은 과자를 버릴 때는 엄마 혼자 몰래 버리는 게 아니라, 아이에게 과자를 버리는 이유를 설명하고 함께 갖다버려야 한다. 막상 눈앞에서 과자와 음료수가 쓰레기통으로 들어가자 아이의 저항이 만만치 않다. 이때 바로 훈육에 들어가야 한다. 엄마가 아이의 몸을 가볍게 통제하고 아이의 눈을 똑바로 마주 보자 진호가 엄마의 눈을 일부러 마주치지 않으면서 계속해서 과자를 먹겠다는 의사 표시를 한다. 엄마가 포기하지 않고 계속해서 진호에게 엄마 눈을 보라고 하자 잠깐이지만 진호가 엄마의 눈을 쳐다보았다. 이럴 때는 무조건 칭찬을 해줘야 한다. 그러자 진호가 엄마를 보고 웃는다. 그러더니 이제부터는 과자를 안 먹겠다는 약속까지 한다. 애착이 불안정한 아이에게 엄마의 칭찬은 말을 잘 듣게 하는 묘약임을 잊지 말자.

위기

식습관 개선과 애착 관계의 개선이 이뤄진 후 진호가 다시 어린이집에 다니기 시작했다. 그런데 점심시간, 선생님이 식판 위에 밥을 담으려고 하자 또다시 예전 모습으로 돌아간 듯 밥을 거부하기 시작한다. 하지만 놀랄 것은 없다. 진호가 밥을 먹었다 안 먹었다 하는 과정은 아이가 음식에 적응해가는 너무나 자연스러운 현상이기 때문이다. 이럴때는 축구 교실과 같이 열량을 많이 소비할 수 있는 신체 활동을 함께하는 것이 좋다.

3주간의 솔루션 기간이 지나고 진호네 가족은 생애 첫 외식에 도전했다. 칼국수와 돈가스가 나오자 진호가 서서히 관심을 보이더니 돈가스 하나를 입안에 넣고 씹기 시작한다. 옆에 있던 엄마가 한 입만 달라고 해도 안 준다며 욕심을 부리는데, 이번엔 엄마가 먹는 칼국수에까지 젓가락을 갖다 댔다. 반찬으로 나온 계란말이며 쫄깃쫄깃한 잡채, 매콤한 김치까지 못 먹는 게 없었는데, 더욱 놀라운 것은 밥을 잘 먹은 상으로 과자를 주자 맛이 없다며 그대로 뱉어버린다. 이런 진호의 모습을 그 누가 상상이나 할 수 있었을까? 엄마는 요즘 그야말로 살맛이 난다.

밤새도록
텔레비전만 봐요

어리광쟁이 5살

엄마와 동영이가 마트에 가기 위해 집을 나왔다. 그런데 다리가 아픈 것도 아니고 걷지 못하는 나이도 아닌데 동영이가 무턱대고 엄마에게 안아달라고 매달린다. 하지만 엄마는 본인 몸 하나 챙기기도 벅찬 임신 8개월, 오늘만큼은 그냥 걸어가자고 동영이를 달래보는데 말이 통하지 않는다. 다짜고짜 땅바닥에 드러누워 안아달라고 조르더니 일으키는 엄마의 얼굴에 침을 뱉고 심지어 엄마 배를 발로 차기까지 한다. 결국 혼자서는 동영이를 감당하기 힘든 엄마가 아파트 옆 동에 사는 외할머니를 불렀다. 외할머니 품에 안기자 그제야 동영이가 울음을 그치는데 걸어서 10분 거리에 있는 마트까지 몸집 무거운 동영이를 안고 가기는 외할머니한테도 쉽지 않은 일이다. 궁여지책으로 외할머니가 유모차를 대령했는데 유모차에 엉덩이가 닿자마자 그대로 미끄러져 내려와 집으로 뛰어가 버린다. 결국 단 열 걸음도 제 발로 걷지 않겠다는 동영이의 못된 심보에 엄마와 할머니도 마트에 가려던 계획을 포기하고 도로 집으로 올 수밖에 없었는데, 집에 오자 이번엔 동영이가 텔레비전 앞에 달라붙어 떨어질 생각을 하지 않는다. 한 번 텔레비전 앞에 앉으면 밤 12시가 넘도록 일어나지 않는 텔레비전 광이라 하루 6시간씩 텔레비전을 보는 것은 기본이고, 누가 텔레비전을 끄기라도 하면 상대가 아빠건 엄마건 할머니가 되었건 가리지 않고 거침없는 하이킥을 날린다. 심지어 앉은 자리에서 오줌을 싸면서까지 시위를 하는데 더 난감할 때는 동영이가 원하는 프로그램이 나오지 않을 때다. 방송이 안 하는 걸 아빠보고 어떻게 하라는 건지 당장 원하는 만화 프로그램을 틀어놔라 리모컨을 던지고 만삭 엄마의 멱살을 잡고 억지 짜증을 부린다. 뭐든지 내 마음대로 하려고만 하고, 하루 6시간씩 텔레비전을 봐야 성에 차는 동영이, 대체 무엇이 문제일까?

텔레비전은 엄마 사랑에 대한 상징물

동영이의 일상을 관찰하던 중 엄마의 행동에 몇 가지 패턴이 있다는 것을 알았다. 우유가 먹고 싶은 동영이가 우유에 빨대를 꽂는데 잘 안 꽂아지는지 한참을 빨대와 실랑이를 벌이고 있었다. 그런데 옆에서 지켜보는 엄마는 "천천히 해. 동영이 잘하잖아" 말만 할 뿐,

전혀 도와주지 않았다.

"아이들은 소근육이 발달을 안 해서 빨대를 꽂는 것과 같이 손을 쓰는 행동은 도와줘야 됩니다. 그런데 엄마는 도와주지도 않고 들어주지도 않아요. 그럼 이 아이는 어떨까요? 속상하고 슬프겠지요. 그리고 화가 납니다."

– 오은영 소아청소년정신과 전문의

그런데 일상 전반에서 아이가 무엇을 요구해도 잘 안 들어주던 엄마가 텔레비전만 틀어달라고 하면 바로 들어주었다. 동영이가 보고 싶은 프로그램도 알아서 척척 틀어주었는데, 결국 동영이에게 텔레비전은 친절한 엄마를 만날 수 있는 매개체였다. 그래서 텔레비전에 집착할 수밖에 없었고 텔레비전과 관련된 요구가 거절되었을 때는 그 어느 때보다 강한 떼를 부렸던 것이다.

"그렇다면 텔레비전이 없는 밖에서는 엄마의 사랑을 느끼는 통로는 무엇이었을까요? 무조건 안아달라는 어리광 떼였습니다."

– 오은영 소아청소년정신과 전문의

텔레비전을 오래 보는 아이들은 집중력이 저하 된다

동영이는 텔레비전에 집착하는 시간이 지나치게 길었다. 텔레비전을 오래 보면 집중과 관련되는 뇌 회로의 발달에 부정적인 영향을 주는데, 하루 중 6시간 넘게 텔레비전에 노출되어 있는 동영이의 집중력은 또래 아이들에 비해 현격히 떨어졌다. 10분 동안 동영이와 또래 친구가 가지고 노는 장난감의 개수를 세어 봤더니 일반적으로 4~5세 정도의 아이들은 한 가지 장난감이나 과제를 가지고 10분 정도는 지속하는데 반해, 동영이는 처음에는 한 가지 놀이에 잘 집중하다가 금방 주변에 있는 다른 장난감들을 만지며 왔다 갔다 바쁜 모습을 보였다. 이런 동영이와 달리 또래 친구는 실험이 진행되는 10분 동안 단 두 가지의 놀이에만 집중하는 모습을 보였다.

> "산만하고 집중력이 떨어지는 아이들은 한 가지 장난감을 조직화, 구조화해서 제대로 놀지 못해요. 이것저것 만지다 마는 거죠. 동영이가 그런 면이 있습니다."
>
> **— 오은영 소아청소년정신과 전문의**

그렇다면 하던 놀이를 멈추고 다른 그림을 색칠하라고 하면 어떤 반응을 보일까? 주의 집중을 잘한다는 것은 주의 전환이 잘 이루어진다는 의미이기도 하다. 지금 하고 있는 것보다 더 중요한 정보나 과제가 들어오면 주의를 전환해서 그 과제를 해낼 수 있는 것을 의미하는데, 방금 전까지 하던 놀이를 멈추고 색칠을 하라는 말에 동영이와 실험에 참가한 또래 친구 모두 색칠을 하기 시작했다. 동영이도 주의 전환은 비교적 잘 이루어지고 있었다. 하지만 또래 친구에 비해 오래 집중하지 못하고 계속해서 이리저리 돌아다니는 산만한 모습을 보였다. 색칠한 그림을 비교해 봤을 때도 동영이가 색칠한 그림은 훨씬 더 어설프고 4가지 색깔 중 한 가지 색깔은 잘못 칠하기도 했다.

지능 발달이 지연된 심각한 경계

집중도에서 또래와 차이를 보이는 동영이의 지능 발달 검사가 실시되었다. 그런데 동영이는 간단한 그림 조각을 맞추는 것도 힘들어 '뜨거운 것을 만지면 어떻게 되나?'와 같은 간단한 질문에도 대답하지 못했다. 안타깝게도 동영이의 지능 발달은 경계성 수준으로 매우 심각한 상황이었다. 하지만 다행히 잠재 지능은 좋은 편이었는데, 이는 동영이가 가진 문제 행동과 가족 내의 문제로 인해 지능 자체가 계발되지 않았다는 것을 의미한다. 특히 언어는 1~2살이 지체된 매우 걱정스러운 수준이었는데, 이대로 언어가 개선되지 않으면 초등학교 입학 시 어려움을 겪을 가능성이 높다.

아이와의 대화는 귓속말로

다른 아이들이 떼를 부리는 것과 동영이가 떼를 부리는 것에는 차이가 있다. 다른 아이들은 떼를 부릴 때 부모를 때리는 행동을 하는데 동영이는 발길질과 침만 뱉었다. 이것은 발길질로 자신을 방어하고 있다는 의미인데, 쉽게 말해 계속된 요구 거절로 엄마를 믿지 못하게 된 아이가 엄마의 접근을 막고 있는 것이다. 이럴 때는 아이의 마음이 풀어질 때까지 기다려주고 잘 설득해야 하는데, 부드러운 귓속말이 효과적이다. 귓속말은 일대일 스킨십 대화로 아이의 화를 쉽게 진정시킬 수 있는 밀착형 대화법이다.

텔레비전에 커버 씌우고 요구 수용 놀이 시작

아이의 지능 발달을 위해 텔레비전 시청은 하루에 딱 30분씩만 한다. 그리고 텔레비전을 보지 않을 때는 커버를 씌워서 아예 텔레비전 자체가 눈에 보이지 않게 하는 것이 좋다. 그런 다음 부모는 텔레비전보다 더 재미있게 아이와 놀아줘야 한다. 엄마가 나를 충분히 사랑하고 있다는 것을 아이가 느낀다면, 더 이상 엄마의 관심과 사랑을 받기 위해 문제 행동을 일으키지 않을 것이다.

> **요구 수용 놀이**
> 이불 미끄럼틀 타기, 이불로 그네 타기, 벽, 소파, 냉장고 등에 산과 바다 사진 붙인 후 아이가 원하는 방향으로 움직이기

단계별 지능 발달

1)지능 계발 1단계: 청각적 집중력 향상 훈련

텔레비전에 노출되어서 발달이 지연된 아이는 지능 발달이 촉진될 수 있는 청각적 집중력 향상 훈련이 필요하다. 빠진 그림 찾기나 보물 찾기는 주어진 지시를 정확하게 잘 듣고 집중해서 듣는 훈련을 할 수 있다.

2) 지능 계발 2단계: 시청각 동시 사용 훈련

바닥에 여러 개의 그림 카드를 깔아놓고, 아이에게 바닥에 깔려 있는 카드와 같은 몇 개의 카드를 보여준다. 그리고 '무궁화 꽃이 피었습니다'에 맞춰 움직이면서 선생님이 보여준 것과 같은 카드를 골라오게 하면, 시각적 집중력이 좋아짐과 동시에 청각적 집중력도 함께 개선될 수 있다. 뿐만 아니라 이러한 활동은 시각적 변별력과 기억력 규칙 인지를 증진시키는 데 효과적이다.

우리 아이에게 맞는
맞춤 기 잡기

최장 시간 훈육

아빠가 재미있게 놀자고 하는데도 동영이가 자꾸 텔레비전을 켜겠다고 고집을 부린다. 급기야 아빠의 뺨까지 때리며 아빠를 밀어내는데, 뺨 때리기는 명백히 잘못된 행동이므로 바로 훈육에 들어가야 한다. 아빠가 단호하게 동영이의 팔을 잡고 훈육 자세에 들어가자 동영이가 거센 울음 떼로 저항을 한다. 울음을 그쳐야만 아이가 훈육을 받아들일 자세가 되었다는 의미이기 때문에 아빠는 동영이의 울음이 잦아들 때를 묵묵히 기다리기로 했다. 그러나 1시간이 지나고 2시간이 지나도 동영이의 고집은 꺾일 줄을 몰랐다. 아빠 눈을 똑바로 쳐다보라는 말에 자는 척을 하며 아빠를 시험해 보기도 했다. 하지만 잠시도 틈을 주지 않는 아빠의 태도에 3시간 만에 드디어 동영이가 아빠의 눈을 똑바로 쳐다보고 울음을 멈췄다. 아빠의 말을 들을 자세가 되었다면, 이제 잘못 묻기에 들어갈 차례이다. 아빠는 다시는 침 뱉고, 장난감 던지고 엄마를 때리는 못된 행동을 하지 않겠다고 아이와 약속을 한다.

3주간의 솔루션 기간이 지나고 동영이네 집을 다시 찾았다. 놀이터에도 나가지 않고 하루 종일 텔레비전만 보던 동영이에게 약속한 시간만큼만 텔레비전을 보고 끄자고 하면 어떤 반응을 보일까? 놀랍게도 약속한 시간이 되자 단 한 번의 거부도 없이 동영이가 텔레비전을 끄고, 텔레비전을 가리는 천도 제 손으로 척척 씌웠다. 아파트 옆 동에 사는 할머니를 만나러갈 때는 엄마한테 안아달라는 말 한 번 없이 혼자서 걸어간다. 예전이라면 쳐다보지도 안았을 계단도 성큼성큼 올라가고 씩씩한 모습이었는데 부족한 엄마의 사랑을 채우기 위해 온갖 떼를 다 부리던 아이가 이제는 엄마와 아빠의 사랑과 관심으로 주변 사람들에게 사랑을 주는 아이로 새로 태어났다.

장난감 가게 앞을
그냥 못 지나쳐요

장난감 순정

장난감을 싫어하는 아이가 어디 있겠냐마는 3살 윤겸이의 장난감 사랑은 지나치다 못해 좀 유별나다. 방 한쪽이 장난감으로 가득 찬 것은 말할 것도 없고, 한 달에 장난감 사는 데 드는 비용만 30만 원이 훌쩍 넘는다. 특히 어린이집에서 오는 길에 지나게 되는 문구점 앞은 단 한 번도 그냥 지나친 적이 없는데 엄마가 아무리 재빨리 문구점 앞을 지나가려고 해도 온몸으로 엄마를 막으며 장난감을 사달라고 조르는 통에 엄마는 결국 매번 장난감을 사줄 수밖에 없었다.

이렇게 장난감만 봤다 하면 무조건 사달라고 조르는 윤겸이 때문에 엄마는 어디 외출하기도 겁이 난다. 모처럼 수족관 구경을 나왔다가 전시관 바깥 통로에 늘어선 온갖 상점들을 보고 윤겸이의 장난감 타령이 또 시작되었다. 오늘은 진짜로 안 된다고 강하게 제지를 하자, 상점 앞 통로에 대자로 드러누워 들어오려는 손님도 못 들어오게 하고 나가려는 손님도 못 나가게 하며 시위를 한다. 결국 엄마는 이번에도 윤겸이의 장난감 집착에 두 손 두 발 다 들 수밖에 없었다. 장난감에 대한 순정이 남다르다 보니 누가 자기 장난감 근처에 오는 것도 끔찍이 싫어했다. 모처럼 동네 친구가 놀러와 방 한가득 쌓여 있는 장난감 구경을 하려고 하자 "내 장난감에 털끝 하나 건드리지 마!"라며 살짝 건드리기만 해도 경기를 일으킬 듯 난리 법석을 떨었다.

장난감 집착에 이어 윤겸이가 집착하는 것이 또 있었다. 바로 먹을 것에 대한 집착인데, 밤에 잠을 잘 때조차 입안에 밥이 있어야 만족했다. 이렇게 입에 밥을 물고 자는 행위는 24시간 끊임없이 자극 받기를 원하는 아이들의 욕구 충족의 한 방법인데, 이것은 생후 12개월에서 18개월 사이의 아기들이나 하는 행동이었다. 하지만 윤겸이는 3살, 이렇다 보니 치아 상태가 엉망일 수밖에 없었다. 3개월 전에 치과에 갔을 때 윤겸이의 치아는 음식물을 오래 물고 있어서 치아의 앞뒤가 다 삭은 상태였다. 그때 수면 치료로 치아를 다 치료했는데, 3개월 후 다시 치과를 찾았을 때 또다시 3개의 치아가 삭아서 떨어져나가 있었다. 참새가 방앗간을 그냥 못 지나치듯 장난감 가게 앞은 절대 그냥 못 지나치고 입안에 항상 음식이 들어 있어야 만족하는 윤겸이, 대체 무엇이 문제일까?

집착이 심한
우리 아이

상황 대처에 대한 교육의 부재

윤겸이는 떼쟁이가 분명했다. 그런데 일반적인 떼쟁이와는 달랐다. 떼를 부리긴 하는데 떼를 부리는 시간이 굉장히 짧았다. 실제로 화가 난 엄마가 장난감 가게 앞에서 억지로 윤겸이를 데리고 온 적이 있었는데, 놀랍게도 장난감 가게 앞을 벗어나자 금방 울음을 그쳤다. 아이는 매 상황에 반응한다. 즉, 어떤 상황에서 어떻게 해야 될지 학습이 전혀 되어 있지 않다는 뜻이다. 4살 연령이라면 말이나 행동으로 좀 더 세분화된 표현을 할 수 있어야 하지만, 윤겸이는 학습이 안 되어 있기 때문에 그저 떼를 부리는 것이었다. 이런 교육의 부재는 아이에게 거짓말을 하게 한다. 윤겸이가 친구를 때리고 오히려 자신이 친구에게 맞았다고 거짓말을 할 때가 종종 있었다. 이 거짓말은 아이가 엄마를 속여야겠다고 마음먹고 한 게 아니라, 친구를 때려놓고 어떻게 대처해야 할지 모르는 상황 대처의 미숙함 때문에 일단 잡아떼고 보자가 된 것이다.

장난감을 가지고 놀아주는 것이 힘든 엄마

윤겸이는 부모로부터 아무것도 배우지 못한 '정서적 갓난아기' 상태이다. 즉, 아기가 젖병을 빨 듯 입으로 물고 빠는 것에만 충족감을 느끼는 상태다. 4살 연령의 아이가 구강기적 단순 쾌락만 찾는다는 것은 미숙하다는 증거로, 타인과의 감정적인 교류를 통해 즐거움을 얻은 경험이 부족하다는 것인다. 일상 관찰 중 의아한 점을 발견했는데, 장난감이 그렇게 많은데도 정작 엄마는 아이와 장난감을 가지고 놀아주는 일이 거의 없었다. 엄마와 윤겸이를 대상으로 실시된 놀이 검사에서도 엄마는 윤겸이와 장난감을 가지고 놀아주는 것을 굉장히 힘들어했다. 아예 대놓고 아이한테 "엄마는 자동차 장난감이 싫어. 너는 왜 자동차만 가지고 놀려고 하니? 엄마는 남자가 아니라서 재미없어"라고 아이한테 얘기했다.

> "남자아이들이 자동차 장난감을 가지고 놀려고 하는 것은 상대방과 상호 협동 놀이를 하려는 것입니다. 또 남자아이들의 특성상 자동차 장난감을 가지고 노는 것은 이 시기의 발달에 굉장히 중요합니다."
>
> — **오은영 소아청소년정신과 전문의**

강압적이고 지시적인 엄마

입안에 항상 음식물을 물고 있어 치아가 거의 다 상한 아이 때문에 엄마는 늘 치아 청결 상태에 신경을 썼다. 깨끗이 양치질을 시켜야 한다는 명목하에 엄마는 스스로 양치질을 하겠다는 아이의 손에서 칫솔을 빼앗아 반 강제로 양치질을 시키기도 했다. 그러나 아이가 우는데도 무섭게 양치질을 시키다 보니 그만 이가 빠져버리는 상황이 생기기도 했다.

이처럼 엄마는 아이를 다룰 때 명령을 내리고 아이가 그에 따르지 않으면 소리를 지르고 나무라는 등 과잉 반응을 보였다. 그러나 이런 엄마의 통제적이고 지시적 양육 방식은 아이가 엄마의 말을 잘 들을 수 없게 한다. 게다가 엄마는 자신의 말을 전달하는 것에만 급급하고 엄마 의무를 완수하는 것에만 집중하기 때문에 아이와 감정 교류가 생기기는 더더욱 어려웠다.

우리 아이를 달라지게 하는 완벽 솔루션

아이의 놀이를 그냥 따라가세요

엄마는 아이와 놀아줄 때 주로 놀이를 주도하려고 했다. 자동차 하나를 가지고 놀아도 교육적으로 뭔가 아이한테 가르쳐줘야 한다는 생각에 엄마 뜻대로 하려고만 했는데, 상황을 잘 설명해주기만 해도 아이는 재미있게 놀 수 있다. 이렇게 재미있게 놀다 보면 놀이가 확장되고 아이의 언어 발달에도 많은 도움이 된다.

혼자 놀기는 이제 그만

부모들의 잘못된 생각 중에 하나가 장난감을 가지고 혼자 얌전히 노는 자녀를 기특하다고 여기는 것이다. 하지만 아무 자극 없는 '혼자 놀기'는 아이의 언어와 지적 발달을 저해시키는 가장 큰 요인이다. 이제부터 엄마와 아빠는 온몸을 다해 아이와 활동적이고 아이디어 넘치는 놀이를 시작해야 한다. 그랬을 때 아이는 '장난감 자동차보다 엄마와 아빠랑 노는 게 더 재미있구나' 라고 생각한다. 그래야 장난감에 집착하는 행동도 버릴 수 있다.

식습관 개선이 필요하다

뭐든지 눈에 보이면 갖고 싶고 먹고 싶은 법이다. 눈에 과자가 보이면 먹고 싶기 때문에 밥을 먹을 때는 아이 눈에 과자가 보이지 않게 치운다. 그리고 아이가 과자를 달라고 떼를 쓰면 "밥을 다 먹으면 주겠다"고 단호하게 말한다. 그런 다음 밥그릇에 밥을 담을 때도 아이가 직접 담게 해 스스로 먹을 양을 정하도록 한다. 그리고 "네가 이만큼 먹겠다고 했으니까 다 먹는 거야" 하고 아이와 약속한다. 만약에 아이가 약속을 어기면 한두 번 경고를 주고, 그래도 약속을 지키지 않을 때는 엄마만 식사를 하고 단호하게 밥상을 치운다. 또 그동안 엄마는 아이가 김치를 안 먹고 입에 물고만 있다고 아예 김치를 주지 않았다. 그러나 김치를 조그맣게 잘라주거나 물에 헹궈주는 등의 방법으로 융통성 있게 대처를 하면 김치를 싫어하는 아이도 김치를 먹을 수 있다.

양치질하기가 힘든 아이들은 엄마가 아이와 속도를 맞춰 같이 양치질을 하며 바른 양치질 모습을 보여주면 금방 따라 할 수 있다.

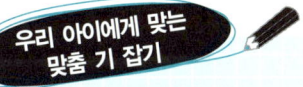
우리 아이에게 맞는
맞춤 기 잡기

훈육의 의미는 교육

문구점 앞을 그냥 지나치지 못하는 윤겸이에게 무조건 "안 돼! 장난감 집에도 많잖아!" 하고 윽박지를 것이 아니라, 왜 장난감을 사면 안 되는지 아이의 눈을 보고 천천히 설명을 한다. 훈육의 의미는 교육이지 아이를 야단치고 다그치라는 의미가 절대 아니다. 엄마는 이제부터 윤겸이에게 안 되는 건 안 되는 거라고 주변 눈치 보지 않고 분명하게 가르쳐줘야 한다. 그래야 안 되는 상황에서 어떻게 대처해야 하는지에 대한 사고 기능이 발달하게 된다.

우리 아이 어떻게 달라졌을까?

2주간의 솔루션 기간이 지나고 윤겸이네 집을 다시 찾았다. 그런데 윤겸이가 방 한가득 산더미처럼 쌓여 있던 장난감들을 하나하나 포장하고 있었는데, 주변 친구들에게 장난감을 선물하기 위해서란다. 밤에 잠을 자다 밥을 찾는 버릇도 싹 사라졌다. 하지만 무엇보다 놀라운 것은 장난감이 있는 문구점을 그냥 지나치게 되었다는 사실이다. 혹시나 해서 엄마가 "장난감 살까?" 하고 물어보자 "아냐, 아냐!" 손사래를 치더니 재빨리 집으로 향한다. 엄마는 완전히 다른 세상을 만난 것 같아 매일이 행복 그 자체라고 한다.

24시간 컴퓨터 앞을 떠나지 않아요

꼬마 컴퓨터 폐인

큰별이네 집에는 컴퓨터가 무려 3대나 된다. 줄지어 놓인 컴퓨터를 5남매가 하나씩 차지하고 앉아 고사리 같은 손으로 컴퓨터 게임 삼매경에 빠져 있는 모습이 흡사 PC방을 연상케 했는데 그중에서도 컴퓨터 중독이 가장 심각한 아이는 다섯 살 큰별이었다. 어린이집에 갈 준비도 하지 않고 아침에 눈 뜨자마자 컴퓨터가 있는 방으로 들어가서는 컴퓨터를 시작한다. 보다 못한 엄마가 그만하라고 하면 "똥개야!"라며 험한 말을 내뱉으며 성질에 못 이겨 컴퓨터 키보드를 부술 듯 내려치기까지 했는데, 그래도 엄마가 포기하지 않자 대뜸 밖으로 나가더니 금방이라도 무너질 것 같은 낡은 지붕 위로 올라가 뒤쫓아 나온 제작진까지 위협을 한다. 결국 큰별이를 지붕 위에서 내려오게 하기 위해 엄마는 어쩔 수 없이 컴퓨터를 시켜주겠다는 약속을 할 수밖에 없었는데 어린이집도 안 가고 하루 종일 컴퓨터 앞에 앉아서 게임만 하는 큰별이를 어떻게 하면 좋을지 엄마는 한숨밖에 나오지 않는다.

그런데 하루 종일 컴퓨터 앞에 앉아 있었으면서 형들이 학교에서 오자 또다시 컴퓨터 내놔라 난리법석을 떤다. 빈자리가 있는데도 셋째 형이 앉은 자리에만 앉아야겠다고 고집을 부려 결국 셋째 형이 자리를 양보해줬다. 이렇게 다시 자신의 지정 컴퓨터를 차지하고 앉아 저녁 먹을 때까지 꼬박 게임만 하다가, 저녁도 밥그릇에 소시지 반찬 달랑 하나 담아서는 컴퓨터 앞에 가서 먹었다. 이렇게 아침에 눈뜨자마자 시작된 큰별이의 컴퓨터 사랑은 잠잘 시간이 훨씬 지난 늦은 밤까지 이어졌다. 심지어 그대로 컴퓨터 앞에 앉아서 날을 새버리기도 했는데 5살 큰별이, 대체 무엇이 문제인 걸까?

집에서만 보이는 컴퓨터 중독 증상

촬영 중 제작진은 놀라운 사실을 발견했다. 며칠 만에 어렵게 간 어린이집에서 큰별이는 수업에 집중도 잘하고, 선생님과 의사소통은 물론 놀이 후 뒷정리도 깔끔하게 잘하는 모범생이었다. 무엇보다 어린이집에 있는 컴퓨터에 단 한 번도 관심을 가지지 않았는데 일정한 규칙이 있는 어린이집에서는 사회적인 능력도 안정적이고 인지 능력도 정상적이었으며 컴퓨터 중독 증상도 보이지 않았다.

유독 집에서만 컴퓨터 중독 증상을 보이는 건 엄마와 아이 사이의 자극과 반응에서 비정상적인 상호작용이 이뤄지고 있다는 증거다. 컴퓨터는 누르면 바로 반응이 오기 때문에 엄마 대신 컴퓨터에서 충족을 느끼고 빠져들게 되는 것이다.

그런데 엄마 역시 일상생활 중 아이들과 마찬가지로 컴퓨터를 차지하고 앉아 있을 때가 많았다. 엄마가 컴퓨터를 하고 있을 때 큰별이가 비켜달라고 하자 "형한테 해달라고 그래"라며 아예 상대조차 안 해줄 때가 많았다. 뿐만 아니라 엄마가 둘째와 셋째의 장난을 보는 동안 큰별이가 말없이 집 밖으로 나가 차들이 오가는 길을 위태롭게 자전거를 타고 다니는데도 엄마는 큰별이가 큰 방에 있다고만 생각했다. 엄마는 엄마로서의 책임을 인식하지 못하는 듯한 반응을 보였는데, 실제로 엄마의 인지 능력 검사 결과 엄마는 큰별이와 비슷한 5~6세의 정신 연령이라는 진단을 받았다.

> "엄마가 큰별이의 자극에 대해서 반응을 안 하는 게 아니라, 인지 능력이 낮기 때문에 큰별이의 자극에 대해서 적절히 반응을 못하는 겁니다. 컴퓨터는 아이가 자극을 주었을 경우에 다양하고 즉각적인 반응을 보여주거든요. 그래서 큰별이가 엄마 대신에 컴퓨터에 빠져들게 된 겁니다."
>
> **— 백종화 아동심리전문가**

생활적 방치

관찰 도중 무슨 일인지 큰별이가 굉장히 화가 났다. 그런데 엄마의 대처법이 놀라웠다. 무조건 뽀뽀를 하며 큰별이의 화를 진정시키려고만 했다. 그러면 그럴수록 큰별이는 엄마의 행동을 거부하며 더욱 성질을 부렸는데, 그래도 엄마의 뽀뽀는 멈추질 않았다. 막내 진솔이에게도 마찬가지였다. 아이가 우는데 왜 우는지 이유를 알아내려고 살피기보다 현재 상황에 걸맞지 않는 부적절한 반응을 보일 때가 많았다.

> "아이가 떼를 쓰고 울면 이 아이가 왜 그러는지를 알아야 합니다. 그런데 엄마는 자신이 하려는 행동만 하기 때문에 아이가 왜 우는지, 왜 떼를 쓰는지 이해하려고 들지 않습니다. 이럴 경우 아이가 상당한 좌절감과 무력감, 때로는 분노감을 느껴서 정서적 발달을 적절히 이루지 못한 결과를 낳을 수 있습니다."
>
> — 백종화 아동심리전문가

어린이집에 함께 가는 엄마

또 하나 간과할 수 없는 문제가 있었다. 아침에 큰별이가 타고 가는 어린이집 차를 엄마도 함께 타고 갔다. 어린이집 옆에 큰 아이들이 다니는 공부방이 있는데, 엄마는 이곳에 매일 들러 나쁜 친구들로부터 아이들을 보호한다는 명목으로 친구들과 같이 뛰어놀고 있었다. 그러면서 다섯 아이 키우는 살림살이는 차마 눈뜨고 보기 힘들 정도로 엉망이 되어가고 있었다. 일주일 된 김치찌개, 정리 안 된 찬장, 빨래할 옷과 새 옷이 구분 없이 뒤섞인 채로 집 안 곳곳에 산더미처럼 쌓여 있었다. 사실 엄마는 장애 판정만 받지 않았지 혼자서 아이를 씻기고 먹이고 재우는 기본적인 양육이 어려운 상태였기 때문에 아이들은 기본적인 돌봄에서 방치되었다고도 볼 수 있었다.

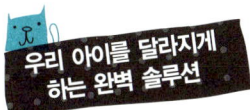

가정환경 개선

학습과 놀이, 잠자리와 식사 공간이 뒤섞여 아이들의 정서적 불안을 야기하고 신체적 건강을 위협했던 집의 공간 분리가 절실히 필요하다. 그동안 켜켜이 쌓여 있던 쓰레기를 버리고, 구석구석 지저분한 살림살이도 정리했다. 철 지난 옷가지 정리가 이루어지는 가운데 양육 환경의 기틀을 바로 세우기 위해 집의 보수공사도 실시했다. 사상 최대의 환경 개선 결과 초등학생인 첫째와 둘째를 위해서 컴퓨터 2대만 남기고 깔끔한 책꽂이까지 마련된 학습공간을 마련했으며, 오남매가 충분히 놀 수 있는 놀이 공간도 만들었다. 작은 공간이지만 오남매 각자의 영역을 만들어주면 아이들은 책임감을 배울 수 있다.

신체 발달 놀이

하루 종일 앉아서 컴퓨터 게임만 하느라 그동안 발달 자극이 부족했던 큰별이에게는 신체 발달 놀이가 중요하다. 아이들은 놀이를 통해 정서, 인지, 두뇌를 발달시킨다.

컴퓨터 눈앞에서 치우기

달라진 가정 환경의 영향으로 한동안 큰별이의 컴퓨터 중독 증상이 없어지는가 싶더니 또다시 큰별이가 컴퓨터 앞에 앉았다. 엄마가 강제로 컴퓨터를 끄자 짜증을 부리며 떼를 쓰기 시작하는데, 이럴 때는 먼저 "큰별아, 10분 뒤에 점심 먹을 거예요"라고 말하고 밥상을 차려온다. 그런 후 함께 밥을 먹자고 큰별이를 부른다. 그러나 엄마가 밥을 먹든 말든 엄마 말을 무시하고 여전히 큰별이가 컴퓨터에 빠져 있다. 이렇게 아이가 엄마가 말한 대로 컴퓨터를 끄지 않으면, "큰별이가 컴퓨터를 끄지 않으면 엄마가 끌 거예요" 하고 말한 뒤, 엄마는 강제로 컴퓨터를 끄고 아이를 컴퓨터가 있는 방에서 데리고 나와야 한다. 엄마가 컴퓨터를 끄자 화가 난 큰별이가 마우스를 집어던지며 분노를 표시해도, 엄마는 지지 않고 아이를 끌고 나와 방문을 닫아야 한다. 일단 컴퓨터가 아이의 시야에서 벗어나는 것이 중요하기 때문이다. 엄마가 큰별이를 데리고 나와 밥을 먹이자 큰별이가 조금씩 밥을 먹기 시작한다. 아이가 엄마의 말대로 밥을 먹었을 때는 한껏 칭찬을 해주는 것이 중요하다. 칭찬 요법은 아이의 동기를 더욱 강화시키는 좋은 치료제이기 때문이다.

타이머 설치

형제가 많아 엄마가 일일이 컴퓨터 하는 시간을 제한해주지 못할 때는 타이머를 설치해 적당한 시간이 되면 컴퓨터를 끄게 하는 연습을 한다.

엄마의 특수 인지 교육

아이를 사랑하는 마음이야 여느 부모와 다를 바가 없지만 엄마는 인지 능력이 낮아 먹여야 할 것과 버려야 할 것도 구분하지 못한 채 아이들을 비위생적인 환경에서 방치했다. 이런 엄마에게 특수 인지 교육이 실시되었다. 매주 1회, 주부 9단인 전문가에게 설거지하는 법에서부터 더러운 것과 깨끗한 것을 구분하는 법을 배웠다. 이제야 엄마는 아이들을 키우는 기본적인 양육이 가능하게 되었다.

며칠 뒤 큰별이네 집을 다시 찾았는데, 엄마가 아이들의 저녁 준비로 한창 바쁠 때였다. 무엇보다 아이들이 엄마를 대하는 태도가 많이 달라졌는데, 엄마가 첫째에게 밥상을 같이 들어달라고 하자 "네! 알겠습니다!" 하고 냉큼 달려온다. 컴퓨터 앞에만 앉아 있느라 가족과 함께 밥 먹는 즐거움을 몰랐던 아이들도 서로에게 음식을 먹여주며 오순도순 꿀맛 같은 밥을 먹는다. 24시간 컴퓨터 앞에만 앉아 있던 큰별이도 엄마와 함께 퍼즐 공부하는 재미에 푹 빠졌다. 엄마와 큰별이가 달라지니까 집안에 웃음꽃이 활짝 피었다.

자기만의 규칙에
갇혀 살아요

뭐든지 다 원상복귀해놓으라는 4차원

4살 성호가 가족들과 함께 중식당을 찾았다. 성호가 시킨 메뉴는 꽃게 짬뽕, 그런데 엄마가 먹기 좋게 꽃게 다리를 잘라주자 갑자기 성호가 서럽게 울기 시작한다. 이유인즉, 꽃게 다리를 다시 붙여놓으라는 것인데 이미 뜯은 꽃게 다리를 어떻게 다시 붙이라는 것인지 엄마는 황당할 따름이다. 그러나 고집대로 안 되면 될 때까지 울고 불고 난리 칠 것을 알기에 엄마는 혼신의 힘을 다해 꽃게 다리를 원상복귀해놓는데 엄마의 땀과 정성을 아는지 모르는지 힘들게 접합 수술한 꽃게 다리를 눈 하나 깜짝하지 않고 다시 뜯어먹는다. 이럴 때마다 엄마는 한 대 쥐어박을 수도 없고 엄마는 속이 부글부글 끓는데 성호의 엽기적인 일상은 이뿐만이 아니었다.

아침부터 또 엄마와 한바탕 하느라 성호가 바지에 응가를 해버렸다. 그런데 엄마가 성호의 응가를 변기에 버리고 물을 내리자 변기 물을 제 손으로 직접 내리지 못했다고 난리를 친다. 변기 물은 다시 내리면 된다고 아무리 설명해도 이미 사라진 자신의 응가까지 원상 복귀해놓으라고 억지 고집을 부리는데 급기야 엄마가 새로 응가를 싸줄 테니 그것을 내리라고 타협안을 제시하는데도 무조건 처음처럼 자기 팬티에 자기가 싼 응가여야만 된다고 우긴다. 이런 성호의 희한한 논리에 두 손 두 발 다 든 엄마지만 30분째 화장실에 꼼짝 않고 앉아 제 설움이 풀릴 때까지 목 놓아 우는 성호를 보자 안쓰러운 마음에 눈물을 닦아주며 달래주는데 세상에나, 이번엔 닦은 눈물을 다시 붙여내라 난리다.

밤이라고 편하게 넘어가는 법이 없다. 평소에도 아무 이유 없이 자다가 갑자기 몸을 이리저리 굴리며 우는 성호 때문에 엄마는 밤잠을 설칠 때가 한두 번이 아닌데, 깨어 있는 거 같지는 않은데 자면서도 막무가내로 우는 성호 때문에 집안은 아침부터 밤까지 그야말로 편할 날이 단 한 순간도 없다. 대체 성호는 왜 이런 행동을 보이는 걸까?

소아 강박증

자기만의 틀을 고집하는 성호는 장난감을 가지고 놀 때도 다른 아이들과 조금 달랐다. 엄마가 방에 흩어진 장난감을 정리하자 방을 다시 어질러놓으라고 비명을 지르고 절규를 하더니 성호의 고집에 못 이겨 엄마가 다시 장난감을 방 한가득 쏟아주자 순식간에 울음을 뚝 그치고 각 맞춰, 줄 맞춰 장난감을 나열하며 논다. 놀 때도 자기만의 틀대로만 놀아야 직성이 풀린다는 성호의 머릿속에는 대체 어떤 규칙이 자리 잡고 있는 걸까?

> "'원래대로 해봐'라는 표현은 자기가 편안하다고 느껴지는 틀을 고수하지 않고 이 틀에서 벗어나면 마음이 불편해진다는 말입니다. 성호는 강박 성향을 가지고 있는, 기질적으로 불안한 아이예요. 문제는 이런 소아 강박증은 성인 강박증으로 이어질 확률이 30%가 넘는다는 사실입니다."
>
> – 오은영 소아청소년정신과 전문의

> **소아 강박이란?**
> 아이들이 심리적으로 불안을 느낄 때 그것을 해소, 통제하고자 하는 방법으로 어떤 특정 생각이나 행동을 계속 반복해서 하는 것.

엄마한테만 강박적인 요구를 하는 아이

그런데 성호는 전형적인 강박증 아동하고는 조금 달랐다. 강박증이 있는 아이들은 불안감을 해소하고자 언제 어디서나 자신의 틀을 고집하는데 성호는 그렇지 않았다. 엄마가 커피를 타면 자기가 해야된다고 다시 커피를 원위치로 해놓으라고 어깃장을 부리던 녀석이

다른 사람이 주전자에 물을 붓고 커피를 타면 아무 반응을 보이지 않았다. 심지어 "커피 타고 싶지 않아?" 물어보는데도 전혀 타고 싶지 않다는 반응을 보였다. 성호는 오로지 엄마에게만 강박적인 요구들을 하고 있었는데, 이는 엄마와 성호의 관계에서 강박 행동이 소통하는 유일한 방법이 되어버렸기 때문이다.

엄마 역시 강박 성향이 높은 사람

엄마에게만 이 꼬투리, 저 꼬투리를 잡는 성호의 행동을 어떻게 해석해야 할까? 엄마의 일상을 관찰하는 중 그 원인을 찾을 수 있었다. 엄마의 손에는 늘 테이프가 들려져 있었다. 잠시도 테이프를 손에서 내려놓지 않고 머리카락 하나라도 보이면 즉각 테이프를 대령했다. 설거지를 할 때도 그릇들이 언제나 가로, 세로 줄을 맞춰 그 자리, 그 위치에 놓아야 직성이 풀렸다. 컵의 손잡이 방향은 물론 반찬통 잠금 장치의 방향도 한 방향으로 나란히 있어야 마음이 놓였는데, 이처럼 엄마 역시 강박 성향이 굉장히 높은 사람이었다.

엄마의 강박적 성향은 아이의 양육 태도에 큰 영향을 미칠 수밖에 없었다. 엄마의 영향을 받아서 성호 역시 한 깔끔했는데, 아직 4살밖에 안 된 아이가 손수건을 접을 때도 줄 맞춰, 각 맞춰, 한 치의 오차도 없이 딱딱 접었다. 문제는 성호가 엄마의 규칙대로 따라오지 못하면 엄마는 기다려주지 않고 짜증부터 낸다는 거였다. 세수를 하다 세숫대야만 엎어도 소리부터 질렀다. 아이가 엄마의 뜻대로 해주지 않는 것에 대해 엄마는 그야말로 폭발 직전이었다.

"엄마도 워낙 완벽주의다 보니까 성호가 유독 엄마와의 관계에서 강박적이 됩니다. 불안한 아이가 더 불안해질 수밖에 없었던 거지요."

— 오은영 소아청소년정신과 전문의

우리 아이를 달라지게 하는 완벽 솔루션

아이에게 안정감을 주는 말투

엄마의 강박적 행동이 아이의 불안과 강박 성향을 더욱 강화시켰다. 이제부터는 엄마가 먼저 달라져야 한다. 엄마 스스로가 바뀌겠다는 상징적인 의미로 아이 앞에서 "성호야 이제부터는 엄마가 정말로 너의 마음을 안정시키도록 최선을 다할 거야"라고 선언을 한다. 그리고 "엄마 믿어 봐, 지켜봐, 괜찮을 거야"라는 긍정적인 말을 많이 쓰도록 한다.

긴장 이완 놀이

불안감이 높은 아이들은 긴장감을 이완시켜주는 놀이가 굉장히 중요하다. 비눗방울 놀이는 대표적인 긴장 이완 놀이인데, 두 개였던 비눗방울이 하나가 되고 또 터트렸다 만들었다 변화무쌍하기 때문에 비눗방울을 보면서 아이는 긴장감을 살짝 내려놓을 수 있다. 또한 불안한 아이에게는 생활 속에서 꼭 필요한 순서를 가르쳐주는 것이 좋다. "이 일이 끝나면 그 다음에는 다른 일을 하는 거야"라고 미리 알려주면 아이는 다음 상황을 예측할 수 있기 때문에 마음이 편안해진다.

야경증 극복을 위한 마사지 방법

불안으로 인해 밤이면 밤마다 깨서 우는 야경증은 사실 잠에서 깬 상태가 아니다. 엄마는 아이가 운다고 절대로 흔들어 깨우지 말고 다시 잠이 들도록 토닥토닥 규칙적으로 등을 두들겨 수면을 유도한다. 수면 마사지는 숙면을 위해 더없이 좋은 방법이다.

1)숙면을 위한 1단계: 목욕하기

목욕은 아이의 긴장과 스트레스를 풀어주는 데 최고의 효과를 준다. 이때 목욕은 세정보다 이완이 목적이기 때문에 온몸을 구석구석 닦을 필요는 없다.

2)숙면을 위한 2단계: 마사지

마사지를 하기 전 주의할 점은 아기의 체온보다 엄마의 손이 훨씬 따뜻해야 한다. 따뜻해진 손으로 온몸을 골고루 마사지해주는데, 특히 등이 따뜻해야 몸의 긴장이 풀릴 수 있다.

3)숙면을 위한 3단계: 토닥이기

마사지로 인해 아이가 편안히 잠에 빠져들었어도 갑자기 깨서 울 때가 있다. 급한 마음에 흔들거나 토닥이면 오히려 수면에 방해가 될 수 있다. 이럴 때 엄마는 아이를 안고 천천히 같이 눕는다. 단지 엄마가 옆에 있다는 것만으로도 아이는 편안히 꿈나라로 다시 빠져

들 것이다.

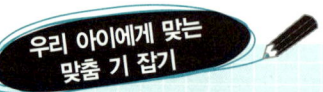

강박 성향을 보이는 아이들의 행동 치료법

사사건건 엄마에게만 강박적으로 대하는 성호가 또다시 엄마가 탄 커피를 다시 제 손으로 하겠다고 고집을 부린다. 이럴 때는 무조건 안 된다고 제지를 하기보다 아이를 꼭 안아준 후, "다음에 하면 되는 거야, 괜찮아"라고 말해준다. '괜찮다'라는 말로 아이의 불안을 잠재워주자 성호가 엄마의 말에 수긍하며 고개를 끄덕인다. 이처럼 엄마는 아이의 행동을 탓하기 전에 아이가 무엇을 원하는가를 먼저 생각해 볼 필요가 있다. 커피를 타고 싶다고 할 때의 아이의 마음이 무엇일까? 꽃게 다리를 다시 붙여놓으라고 할 때의 아이의 마음은 무엇일까? 하지만 이때도 주의할 점은 잘해준다는 미명하에 아이에게 질질 끌려다녀서는 절대 안 된다는 것이다.

무조건 다시 붙여라, 꽃게 다리를 잡고 통곡하던 성호가 이젠 엄마가 뜯어주는 꽃게 다리를 잡고 맛있게 잘 먹는다. 항상 자기가 다시 하겠다고 달려들던 커피 타기도 엄마가 타는 대로 그냥 놔두는데, 절대 제 고집을 꺾지 않던 독불장군이 엄마 말대로 척척 하는 굿보이가 다 되었다. 엄마도 많이 달라졌다. 가로

세로 각 맞춰, 줄 맞춰 깔던 이불이 삐뚤빼뚤 흐트러져 있는데도 신경쓰지 않고, 그보다는 아이가 잘 자고 있는지, 어디 불편한 점은 없는지, 아이를 먼저 생각하게 되었다. 엄마가 해주는 마법 같은 말, "괜찮아, 믿어 봐, 지켜봐"가 우리 아이를 달라지게 했다.

4

부모를
거부하는
우리 아이

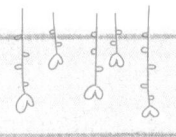

아빠를 깔보고
엄마 말에는 말대꾸만 해요

위험한 두 얼굴의 아이

6살 남훈이가 어린이집에 갈 시간이 다 되었는데도 이불 속에 누워 꼼짝을 하지 않는다. 일어나라는 엄마의 말에 "싫다니까요. 전 나쁜 어린이예요" 꼬박꼬박 말대꾸를 하더니 "몽둥이 들 거야"라는 엄마 말에 그제서야 마지못해 세수를 하러 나온다. 그런데 세수를 하러 욕실에 들어가서도 바가지를 보며 "자식아, 넌 왜 이렇게 일찍 일어났어?" 4차원 같은 혼잣말을 하더니 물소리만 대충 내고 세수를 다 했다고 우긴다.

아침부터 시작된 이런 남훈이의 잔꾀와 말대꾸는 어린이집에 갔다 와서도 계속 이어졌는데, 아토피 피부라서 인스턴트 간식은 금물인데 아이스크림을 사달라고 성화를 부리더니 금세 또 어묵이 먹고 싶다고 마음을 바꾼다. 그 자리에 드러누운 채 삼십 분이 넘게 어묵 타령을 하는 남훈이를 보다 못한 엄마가 결국 어묵을 사주러 나가려는데, 갑자기 또 안 가겠다고 마음을 바꾼다. 엄마 혼자 나가서 어묵을 사오라고 명령인데 혼자 어떻게 집에 있을 거냐고 묻자 "안 해. 싫어. 안 해! 엄마, 나쁜 애야!" 말끝마다 토를 달며 엄마의 인내심을 테스트한다. 이러니 엄마는 남훈이가 어린이집에 갔다 오는 시간만 되면 심장이 쿵쾅쿵쾅 뛰고, 두렵기까지 하다. 아빠 말은 더 안 들었는데, 퇴근한 아빠가 학습지 공부를 봐주려고 하자 아빠 앞에서 느닷없이 학습지를 찢어버리고 "내일 껌 사줘!" 껌을 사달라고 조른다. 아빠가 안 된다고 하자 막무가내로 아빠의 목을 조르며 얼굴을 꼬집고 되레 아빠한테 왜 짜증을 내냐며 또 말꼬리를 잡고 늘어진다. 보다 못한 엄마가 매를 가지고 오자 그제야 책상 앞에 앉는다.

그런데 놀랍게도 아빠는 깔보기만 하고 엄마한테는 하루 종일 말꼬리를 잡고 늘어지면서 일주일에 한 번 오는 학습지 선생님한테는 지나치다 싶을 정도로 매달렸다. 수업이 끝나고 선생님이 간다고 하자 "여기서 자고 가요. 한 번만!" 난감할 정도로 애타게 선생님을 잡더니 연이어 등장한 다른 선생님한테도 마찬가지였다. 어찌나 눈물겹게 가지 말라고 매달리는지 "선생님도 아들이 있어요. 선생님이 집에 안 가면 아들이 슬퍼해요"라는 말로 간신히 남훈이를 떼어 놓고 나갈 수 있었다. 비염 치료 때문에 간 병원에서는 대기실에 앉아 있는 모르는 할아버지한테 달려가 난데없이 뽀뽀 세례를 퍼붓는 바람에 엄마도, 지켜보는 제작진도, 당하는 할아버지도 난감할 수밖에 없었다. 남훈이는 대체 무엇이 문제인 걸까?

힘의 논리에 지배되는 아이

남훈이는 모든 것을 힘의 논리로 생각하는 아이다. 그런 남훈이가 봤을 때 아빠는 자기와 동급이거나 자기보다 힘이 약한 사람이었다. 엄마는 서열 1위이기 때문에 요령껏 행동하지만 권위를 인정하거나 존경하지는 않았다. 오히려 속으로는 반항심과 적개심을 갖고 인간관계의 본질을 적대적 · 대립적 · 공격적으로만 보고 있었다.

엄마는 아이를 버릇없이 키우지 않기 위해 아이를 다잡고는 있지만, 아이가 잘못을 했을 때 잘잘못을 가르치고 훈육하는 것이 아니라 엄마의 쌓인 분노와 적대감을 폭발시키기만 했다. 엄마는 아이로 인한 것이 아니라 엄마 자신의 분노감이 많은 상태였다. 그렇다 보니 '그러지 마라' 타이르고 넘어갈 수 있는 사소한 잘못에도 강약이 없이 크게 화를 내고 아이를 전혀 존중하지 않았다. 이런 엄마와의 관계 때문에 남훈이는 얼굴을 들이밀고 말대꾸를 할 수밖에 없었다. 작은 동물들이 두려우면 몸을 크게 부풀려서 힘을 과시하듯이 과잉 공격적인 태도로 두려움을 누르며 엄마와 맞서고 있었던 것이다.

아빠는 엄마처럼 적대적이지는 않지만 둔하고 강압적이어서 아이에게 따뜻하게 대해주지 못하고 좌절감을 불러일으켰다. 아빠가 퇴근할 무렵 남훈이가 아빠가 오기 전에 숨어 있다가 깜짝 숨바꼭질을 하려는 계획을 세웠던 적이 있었는데, 문이 열려 있었는지 아빠가 벨도 누르지 않고 집에 들어와 버렸다. 잔뜩 기대하고 있었는데 싱겁게 끝난 숨바꼭질 때문에 화가 난 남훈이가 아빠한테 다시 나갔다 들어오라고 소리를 지른다. 그러자 아빠가 다시 나갔다가 들어오기는 했는데 아빠는 아이가 숨바꼭질을 하고 싶어 한다는 것을 눈치채고도 바로 남훈이를 찾아버렸다. 그러자 두 번이나 시시하게 끝난 숨바꼭질에 크게 실망한 남훈이가 아빠를 향해 그야말로 난리 브루스를 춘다. 그런데 엄마는 이 상황을 보고만 있을 뿐 가운데서 아빠와 남훈이 사이를 중재해줄 생각을 하지 않았다. 되레 아빠한테 왜 아이의 마음을 몰라주느냐며 화를 냈는데, 결국 즐겁게 숨바꼭질을 하려던 계획은 가족 싸움으로 끝나버리고 말았다.

> "마치 형제처럼 아빠와 아이가 싸우는 상황에서 엄마가 자식 대하듯 남편을 비난해 가정 내에서 아이에게 건강한 위계질서와 권위를 보여주지 못하고 있습니다. 그렇기 때문에 아빠는 더 이 가정 내에서 체면이 안 서는 것입니다."
>
> **— 오은영 소아청소년정신과 전문의**

무차별적인 애착 상태

남훈이의 마음을 좀 더 들여다보기 위해 그림을 통한 심리 검사가 진행되었다. 아이가 그린 집 그림을 통해 집과 가족에 대해서 어떤 생각을 가지고 있는지 알아보는 검사인데, 놀랍게도 남훈이는 자신이 그린 집에서 별로 살고 싶지 않다고 했다. 왜 그러냐는 질문에 "기분이 나빠서요"라고 대답을 했다. 심지어 가족이 무엇인가 하고 있는 그림을 그려 보라고 하자, 친구의 가족을 그렸다. 남훈이의 엄마와 아빠는 어디 갔냐고 묻자 "엄마와 아빠는 옛날에 다 돌아가셨어요"라고 대답했다. 남훈이의 충격적인 대답은 계속 이어졌는데, 어떨 때 가장 화가 나고 속상하냐는 물음에는 "엄마와 아빠가 때리고 바늘로 찌를 때"라고 대답했다.

> "남훈이의 무분별한 스킨십은 무차별적인 애착 상태라고 볼 수 있습니다. 아이들이 생존하기 위해서는 부모의 사랑이 절대적으로 필요합니다. 남훈이는 생존하기 위해서 다른 사람에게 애정을 잠깐잠깐 채우고 지나가는 겁니다. 잠깐 다정하게 대해주는 할아버지와 부모의 사랑에 차이가 없는 겁니다."
>
> — 오은영 소아청소년정신과 전문의

　　이런 아이들은 질적으로 좋은 인간관계를 형성하기가 어렵다. 아무하고나 스킨십을 하며 금세 사랑을 느끼고 좋아하다가 쉽게 마음이 떠나고 깊이 있는 관계를 맺지 못한다. 때문에 아이가 이대로 계속 자란다면 타인의 고통이나 아픔을 이해하지 못하고 남의 권리를 짓밟는 잔혹한 사람이 될 가능성이 많다.

우리 아이가
달라졌어요

부드러운 엄마로 거듭나기

그동안 엄마는 웃음도 별로 없고 목소리도 크고 딱딱해 마치 삼청
교육대의 교관 같았다. 이제부터 엄마는 부드러운 엄마로 거듭나기
위해 얼굴 표정과 말투까지 다 바꾸기로 마음먹었다. 그러기 위해
서 먼저 거울을 보고 웃는 연습에 돌입했다. 얼굴 근육도 자꾸 웃어
야 부드러워지는 법, 아이를 위하는 마음 때문인지 짧은 시간에 한
결 표정이 부드러워졌다.

안정된 애착 재형성하기

지금 남훈이는 6살이지만, 아기라고 생각하고 처음부터 다시 부모
와 깊고 안정된 애착을 형성해야 한다. 낯선 사람에게 뽀뽀하는 것
을 멈추려면, 부모가 그보다 몇 배 더 애정을 채워줘야 한다. 아기
가 된 남훈이의 몸을 사랑의 손길로 쓰다듬는 베이비 마사지는 애
착 재형성에 큰 도움이 된다.

분노감 해소

남훈이와 엄마 사이에 오랫동안 쌓여 있는 화난 감정은 잘 표출해
야 한다. 몸을 많이 부딪치고 부비는 놀이는 분노감 해소에 큰 도움
이 되는데, 볼링과 같은 스포츠는 사사건건 맞서고 싸우던 엄마와
남훈이가 정정당당하게 대결할 수 있어 더없이 좋은 놀이이다. 씻
을 때마다 티격태격하고 전쟁이었던 아빠와의 목욕 시간은 아빠와

하는 하나의 신체 놀이라고 여기게 한다. 비눗방울을 매개체로 이용해 자연스럽게 남훈이를 욕실로 유도하자 그토록 싫어하던 머리 감기도 척척 해낸다.

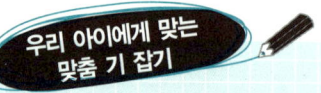

훈육의 강도를 정해라

그동안 엄마 아빠는 아이가 어떤 잘못을 해도 항상 강압적인 훈육법만을 써왔다. 친구를 때린 것과 장난감 정리를 하지 않은 것은 훈육의 강도가 달라야 한다. 이제부터는 아이가 잘못한 정도를 따져 강약으로 차등을 두어 적절한 방법으로 훈육한다. 그러나 아이가 아무리 큰 잘못을 해도 매를 들거나 아이를 위협하는 행동은 절대 해서는 안 된다.

우리 아이 어떻게
달라졌을까?

부모에 대한 분노와 적개심으로 가득했던 남훈이는 과연 어떻게 달라졌을까? 남훈이네 집을 찾은 날, 그렇게 하고 싶었던 숨바꼭질을 온 가족이 즐겁게 하고 있었다. 행복한 웃음 소리와 틈만 나면 하는 애정표현에 따뜻하고 돈독해진 가족애를 느낄 수가 있었다. 부모가 먼저 달라지면 아이는 자연스럽게 달라질 수 있다는 교훈을 남훈이네 가족은 오래도록 잊지 않을 것이다.

엄마만 좋고
다른 사람은 다 싫대요

사람을 거부하는 아이

4살 효정이를 촬영하는 일은 쉽지 않았다. 엄마 이외의 사람하고는 단 한마디 섞지 않는다는 것은 알고 있었지만, "안녕"이라고 인사만 했는데 36계 줄행랑을 치고 '저리 가'며 카메라를 향해 주먹을 날렸다. 그 바람에 제작진은 어쩔 수 없이 효정이가 있는 곳 1미터 밖에서 일상을 관찰할 수밖에 없었다. 효정이의 거부 대상은 아빠라고 예외가 아니었는데 둘째아이 모유수유 때문에 엄마가 효정이를 씻길 수 없어 아빠가 대신 효정이를 씻기려고 하자, 행여 아빠 손이 닿을까 요리조리 피해 다니더니 아빠가 효정이를 안자 "아빠랑 안 씻어! 저리 가!" 소리치며 그대로 울음을 터트린다. 당황한 아빠가 진정을 시켜보려고 하면 할수록 울음은 거세지기만 했는데 "효정아 얼른 앉아서 씻어" 엄마가 한마디 하자 바로 순한 양이 되어 울음을 뚝 그치고, 속옷까지 챙겨 욕실로 들어간다. 사랑하는 엄마 말은 들어야 하기에 아빠랑 씻기는 씻는데 "놔! 놔달라고! 아빠 미워!" 냉정하게 아빠의 손을 뿌리치는 효정이 때문에 이번에도 엄마가 나설 수밖에 없었다. 아빠가 나가고 엄마가 들어오자 효정이 입에서 금세 콧노래가 나온다. 남들은 딸 애교에 애간장이 다 녹는다는데 엄마 이외의 사람은 소 닭 보듯 쳐다보고 거부하는 딸 때문에 아빠는 매일 한숨밖에 나오지 않는다.

효정이의 서릿발 날리는 사람 거부에 가슴이 무너지는 것은 아빠뿐만이 아니었다. 효정이의 유치원 재롱잔치가 있는 날, 친가와 외가 식구가 모두 총 출동했다. 그런데 할머니와 사진 한 장 찍자는 말에 효정이가 엄마 뒤로 꼭꼭 숨어버린다. 삼촌을 보고는 무서운 아저씨라도 본 듯 손사래를 치며 울음을 터트리는데, 이렇다 보니 하나밖에 없는 손녀딸인데도 불구하고 할아버지와 할머니는 효정이의 손 한번 제대로 잡아본 적이 없다. 결국 재롱잔치 사진도 엄마랑 단 둘이만 찍고 끝이 났는데 며칠 후 효정이가 좋아하는 과자를 사 들고 외할머니가 다시 효정이네 집을 찾았다. 그런데 갑자기 효정이가 애교 백단으로 돌변하더니 "할머니 사랑해요. 과자 주세요!" 노래를 부르며 예쁜 짓을 한다. 할머니가 사온 과자가 탐이 났기 때문인데, 제가 원하는 것을 다 얻고 나자 또다시 할머니를 거부한다. 이럴 때마다 엄마는 행여 자식 교육 잘못시켰다는 말을 듣지는 않을까 어른들을 볼 면목이 없는데 대체 효정이는 왜 이렇게 사람을 싫어하는 걸까?

사람을 싫어하는 것처럼 표현할 수밖에 없는 아이

전문가가 효정이가 가장 좋아하는 캐릭터가 되어 효정이의 속마음을 알아보기로 했다. 아빠를 왜 싫어하냐는 질문에 놀랍게도 효정이는 "나는 아빠 좋은데?"라고 대답했다. 뿐만 아니라 할머니 역시 좋아한다고 대답했다. 그렇다면 집에서 누가 제일 대장인 것 같으냐고 묻자, 잠시 말을 멈추더니 들릴 듯 말 듯 한 목소리로 "엄마"라고 대답했다. 효정이는 그토록 싫어하는 것 같았던 아빠와 할머니는 좋아하고, 이 세상에서 제일 좋아하는 것 같았던 엄마는 무서워하고 있었다.

> **"최고의 딸로 키우고 싶은 효정이의 엄마가 자신도 모르는 사이에 효정이가 다른 사람과 맺는 긍정적인 관계 형성 과정을 훼방 놓고, 길을 가로막고 있었던 겁니다."**
>
> **— 오은영 소아청소년정신과 전문의**

사소한 일에도 혼을 내는 엄마

일상 관찰 중 효정이가 아빠를 때리자 "너 엄마가 아빠 때리고 어른들 때리는 거 아니라고 했지? 아빠한테 잘못했습니다, 해!" 엄마가 곧바로 효정이의 잘못을 지적하더니 회초리까지 들며 다시는 안 그러겠다는 다짐을 받아낸다. 엄마는 효정이가 어른들한테 잘못을 할 때마다 엄한 훈육으로 다스리고 있었다.

"엄마는 가정교육을 잘 시키겠다고 개입한 거지만, 효정이 머릿속에는 내가 누구하고 얘기만 하면 결과적으로 내가 혼나네. 외할머니 때문에 혼나고, 친할머니 때문에 혼나고. 그러니까 다가오지 마세요. 나 결국 혼나요, 이렇게 되는 겁니다."

– 오은영 소아청소년정신과 전문의

전형적인 컨트롤 마더

대인 관계에서 유독 혼을 많이 내는 엄마의 육아 방식 때문에 효정이는 아예 사람들과 관계를 맺으려고 하지 않았다. 관계를 맺지 않으면 혼날 일도 없다고 생각했기 때문인데 효정이의 엄마는 전형적인 '컨트롤 마더' 였다.

컨트롤 마더란?
아이 교육에 대한 욕심이 많은 열성 엄마가 저지르기 쉬운 잘못이다. 아이에 대한 기대치가 높아 잘못된 행동에 즉각적으로 개입해 행동을 수정하려고 한다. 자율성보다 엄마의 잣대로 아이의 행동을 컨트롤해 아이의 불안을 더욱 높이는 부정적인 영향을 미친다.

엄격하다 못해 아이가 대답하는 방식까지 엄마가 원하는 원칙과 방식으로 컨트롤하려다 보니 엄마는 자신의 뜻대로 아이가 하지 않으면 아이를 두고 냉정하게 자리를 떠나기까지 했다. 그럴 때마다 아이는 엄마에게 버려졌다는 공포감에 더욱더 엄마에게 매달릴 수밖에 없었는데, 이렇다 보니 아이는 엄마에게 혼이 나지 않기 위해 사람들을 밀어낼 수밖에 없었다. 효정이를 너무 사랑한 엄마가 다른 사람과 관계를 맺으려고 하는 것을 방해하고 있던 것이었다.

사랑을 걸고 거래했던 가족들

그동안 가족들이 효정이의 관심을 얻기 위해 쓴 방법들도 전부 다 잘못된 것들뿐이다. 효정이에게 뽀뽀를 받기 위해 사탕을 걸거나 안아주지 않으면 과자를 갖다버린다고 위협을 하는 방법은 "내가 이것을 해줄 테니까 너도 이것을 해줘" 하며 아이와 거래를 하는 것이었다. 이러면 아이는 '아, 내가 재롱을 안 피우면 국물도 없구나'라고 생각하고 원하는 것을 얻기 위해 애교를 부리지만, 원하는 것을 얻고 나면 거래도 끝이라고 생각하고 횅하니 가버렸던 것이다. 또한 아빠는 효정이가 아빠를 거절하면 "못난이, 그러면 나도 너 싫어" 아이를 비난하고 아빠 스스로가 아이를 거절하기까지 했다. 이런 행동이 아이가 가족을 멀리하게 만드는 결정적인 원인이 되었다.

부모와 새로운 관계 맺기

본격적인 솔루션을 위해 엄마는 그동안 아이에게 엄격하기만 했던 자신을 아이가 어떻게 느꼈을지 역할극을 통해 느껴 보기로 했다.

평소 엄마가 아이에게 그랬던 것처럼 실험맨이 엄마를 혼내고 야멸치게 뒤돌아 가버리자 엄마의 눈에서 눈물이 멈추지 않는다. 그동안 잦은 훈육으로 아이가 받았을 상처가 얼마나 컸을지 엄마는 온몸으로 느낄 수 있었다.

엄마는 아무것도 하지 마세요

아이의 마음을 이해했으니 이제 구체적으로 실천을 할 차례, 엄마를 위해 특별 미션이 내려졌다.

또한 조건을 내세워 아이의 사랑을 요구했던 가족들의 행동은 이제부터 금물이다. 대신 아이의 눈높이에 맞춘 놀이로 제대로 된 관계를 맺는다. 그러기 위해 놀이를 시작할 때도 먼저 "놀자"는 말로 아이에게 압박을 주는 것보다 어른들끼리 신 나게 노는 모습을 보여주는 것이 좋은데, 낯가림이 심한 아이들은 무작정 억지로 다가서기보다 작은 놀이부터 시작해서 큰 스킨십을 할 수 있는 놀이로 발전해나가는 것이 친해지는 데 효과적이다.

우상 요법

아이가 스스로 어른들을 대하는 방법을 배우도록 기회를 줘야 한다. 아이가 좋아하는 우상이 직접 가족과 어른들을 대하는 방법을 가르치면 다른 사람들과 관계 맺기를 훨씬 쉽게 배운다.

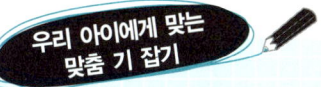

엄마는 훈육에서 물러나 아빠를 지지해준다

엄마에게 혼이 나는 것이 두려워 다른 사람과 관계 맺기를 거부하는 아이를 위해 엄마는 이제부터 훈육에서 물러나야 한다. 대신 아빠가 아이의 훈육을 담당하기로 했는데, 아빠가 효정이와 스티커 놀이를 하려고 하자 "하지 마! 저리 가!" 또다시 효정이가 아빠를 거부한다. 심지어 아빠 얼굴에 손찌검까지 하는데 이때 어정쩡하게 있으면 아이는 아빠를 우습게 본다. 아이가 잘못을 하면 아빠는 그 즉시 아이의 손목을 가볍게 잡고 훈육을 시작한다. 그런데 매번 아이에게 무시당하던 아빠가 단호하게 달라지자, 효정이가 더욱 거센 울음 떼로 반항을 한다. 하지만 이때 주의해야 할 점은 절대로 엄마가 참견을 해서는 안 되는 점이다. 훈육이 끝날 때까지 다른 방에 들어가 있다가, 효정이가 고집을 꺾고 아빠와 씻으러 들어가면 그때 "아빠가 엄마보다 더 잘해주신다. 그렇지? 와, 아빠 최고다!" 아빠의 행동에 힘을 실어준다. 이렇게 엄마가 아빠와 효정이와의 관계를 인정하고, 아빠가 훈육에 이어 재미있게 밥도 먹여주자 효정이가 스스로 아빠한테 가 안긴다. 아이와 가까워지는 방법이 이렇게 쉬운 줄 왜 진작 알지 못했을까? 아빠는 오늘 아이에게 다가가는 방법을 하나 더 알았다.

다가가기만 해도 폭력을 행사하고 악을 쓰며 사람을 거부하던 효정이, 어떻게 달라졌을까? 일주일 후 효정이네 집을 다시 찾았다. 1미터 안으로 접근하는 것조차 싫다고 난리치던 효정이가 먼저 다가와 제작진의 볼에 뽀뽀를 한다. 내 자식이 맞는지 의심스럽기까지 했던 아빠하고는 둘도 없는 '절친'이 되었는데, 효정이한테 뽀뽀 한 번 받는 게 소원이었던 할아버지와 할머니는 서로 효정이의 손을 잡겠다고 아우성이다. 한때 효정이 때문에 눈물바다였던 집은 어느새 효정이 때문에 웃음바다가 되었다.

짜증이 나면 엄마의 머리채부터 잡아요

머리채 잡고 싸우는 엄마와 딸

4살 나영이가 아침 밥상을 앞에 두고 반찬이며 밥이 다 제 마음에 안 든다고 괜한 짜증을 부리고 있다. 심지어 나영이가 좋아하는 생선의 가시를 발라준다고 하자 국그릇, 밥그릇을 밀치며 엄마의 머리채를 잡고 흔들기 시작한다. 4살 아이의 힘이 어찌나 센지 엄마가 도저히 당해낼 수가 없는데 속수무책으로 당하기만 하던 엄마는 겁을 주면 머리채를 놓을까, 나영이의 머리채를 같이 잡아 보았지만 소용이 없다. 다행히 아직 출근 전인 아빠의 중재로 나영이가 엄마의 머리채를 놓았는데 아빠가 출근하자 기다렸다는 듯 다시 나영이가 엄마의 머리채를 잡고 흔든다. 머리채 잡히기에 이어 이번엔 살

점이 뜯어져라 엄마의 팔을 물기까지 하는데 "저만 보면 못 잡아먹어서 안달인 거 같아요. 쟤는 나를 괴롭히기 위해서 태어났나? 이런 생각 든 적도 많아요." 나영이가 태어난 지 100일 되던 때부터 단 하루도 빠지지 않고 반복되어온 일상에 엄마는 몸도 마음도 만신창이가 되어버렸다.

아니나 다를까 엄마의 머리채를 잡고 씨름하는 것이 습관이 되어버린 딸 때문에 엄마의 두피 상태는 그야말로 최악이었다. 현미경으로 살펴본 모발 분포도를 정밀 분석한 결과, 나영이가 자주 잡아당기는 좌측두부는 견인성 탈모로 치료가 불가피한 상태였다.

> **견인성 탈모란?**
> 같은 자리에 머리카락이 강하게 당겨지거나 자주 뽑히게 될 때 진행되는 탈모.

그런데 더 큰 문제는 최근에는 엄마뿐만 아니라 친구의 머리채까지 잡아당기기 시작했다는 사실이다. 집에 놀러온 친구가 쉬를 한다고 하자 자기 변기라며 쉬를 못하게 하더니 괜히 또 친구의 머리채를 잡고 달려든다. 친구가 나영이를 피해 도망을 가자 끝까지 따라가 친구의 귀를 물고 7옥타브 고함을 지른다. 막장 드라마의 한 장면도 아니고 대체 나영이는 왜 이렇게 주변 사람들의 머리채를 잡고 흔드는 걸까?

1.5세의 감정 발달 상태

나영이의 속마음을 알아보기 위해 실시된 '속마음 대화'에서 나영이는 자신이 엄마의 머리채를 잡아당긴다는 사실을 순순히 인정했다. 잡아당기는 위치까지 정확하게 알려줄 정도로 자세히 기억하고 있었는데, 왜 엄마의 머리채를 잡아당기냐는 물음에 뜻밖의 대답을 했다. 엄마한테 우유를 달라고 했는데 엄마가 알아듣지 못해 답답해서 잡아당겼다는 것이다. 그러자 엄마는 나영이에게 우유를 주면 한 입 먹고 안 먹고, 또 한 입 먹고 안 먹어서 매번 멀쩡한 우유를 버리게 되기 때문에 안 준 것뿐이라고 대답을 했는데, 그때 나영이가 갑자기 촬영 중인 제작진에게 과자를 나눠주기 시작했다. 엄마와 있을 때는 볼 수 없었던 너무나 상냥하고 친절한 모습에 제작진도 엄마도 모두 놀랄 수밖에 없었는데 나영이는 왜 이런 행동을 보인 걸까?

> "나영이의 감정 발달 상태는 약 1.5세 수준이라고 볼 수 있습니다. 정서 분화가 안 되면 자신의 감정을 표현하거나 이해하기가 상당히 어려워지는데, 그렇게 되면 감정은 상당히 불안정해집니다. 그런데 이런 고통을 이해해주거나 해소해주지 않으면 고통은 분노감으로 발전하게 됩니다. 즉, 분노감으로 발전한 고통이 머리채를 잡아당기고 엄마의 팔을 물어뜯는 공격적인 행동으로 표출된 거지요."

— 오은영 소아청소년정신과 전문의

낯선 이에 대한 경계심 제로

일상 관찰 중 나영이의 또 다른 문제를 포착할 수 있었다. 온 가족이 외식을 하러간 식당에서 옆 테이블에 앉아 있는 낯선 아저씨를 보자 갑자기 나영이가 살갑게 안기더니 뽀뽀 세례를 퍼부었다. 아빠가 나영이를 데리고 오자 거칠게 아빠의 손을 뿌리치고 아예 아저씨들 옆에 자리를 잡고 앉아 고기를 달라며 초특급 애교를 부리기까지 했다. 성격이 좋은 건지 낯선 사람에 대한 경계심이 없는 건지 엄마와 아빠는 황당하기만 하다. 나영이처럼 불특정 다수에게 집착을 보이는 행동은 현재 아이가 너무도 사랑받고 싶어 한다는 증거다. 나영이는 부모에 대한 사랑도 있지만 좌절감도 크기 때문에 다른 사람과 같이 있을 땐 부모가 아니라 다른 사람을 선택했다. 결국 나영이의 이런 행동은 애정 결핍을 본능적으로 충족시키려는 나영이만의 자구책인 셈이었다.

똑같이 머리채를 잡는 엄마, 게임만 하는 아빠

나영이가 머리단장을 하는 엄마 옆에서 그림을 그리며 놀고 있다. 그런데 엄마는 "낙서 하지 마! 낙서하지 말라고 했지!" 나영이가 낙서를 하는 줄 알고 신경질적으로 소리를 지른다. 나영이가 엄마와 놀고 싶은 마음에 장난을 걸어도, 엄마는 또다시 나영이를 째려보고는 엉덩이를 때리기만 한다. 엄마와 놀고 싶었던 것뿐인데, 자꾸만 혼이 나자 속상한 마음을 주체할 수 없는 나영이가 극단적인 반항의 표시로 엄마의 머리채를 잡는다. 그러자 엄마도 똑같이 나영이의 머리채를 잡는다. '아이가 먼저 잡아당겼기 때문에 나도 잡아당긴다'라고는 하지만, 이는 자기의 공격성을 합리화하고 극대화하는 것뿐 아이와의 관계에 아무런 도움도 되지 않는다.

아빠는 퇴근하고 집에 와 컴퓨터 앞으로 직행해 게임을 시작했다. 나영이가 주변을 왔다 갔다 하며 같이 좀 놀아달라는 신호를 보내도 아빠는 꼼짝도 하지 않고 컴퓨터 게임에만 빠져 있었다. 심지어 가족과 함께 수박을 먹을 때도 아빠의 눈은 컴퓨터 화면에 고정이 되어 있었는데, 이런 아빠가 아이에게 반응을 할 때는 오직 나영이가 엄마의 머리채를 잡거나 폭력을 행사할 때뿐이었다.

"하루 평균 3시간 이상 게임을 하게 되면 게임 중독이라고 할 수 있습니다. 하루에 6~7시간 게임을 하고 있는 아빠는 게임 중독 상태입니다."

– 오은영 소아청소년정신과 전문의

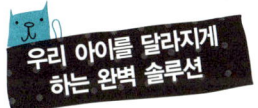

충격 요법

본격적인 솔루션 시작에 앞서 나영이에게 계속 엄마의 머리카락을 잡아당겼을 때 엄마의 머리가 어떻게 되는지 직접 보여주기로 했다.

미리 준비한 대머리 가발을 쓰고 엄마가 나영이 앞에 모습을 나타내자, 나영이가 자꾸만 엄마의 머리를 만져 보더니 엄마의 대머리에 충격을 받았는지 두 번 다시 엄마 머리채를 잡아당기지 않겠다고 약속한다. 아이가 충분히 충격을 받았다면, 이제 그동안 불충분했던 아이의 애정 욕구를 깊은 관심과 사랑으로 돌봐줄 때이다.

> **충격 요법이란?**
> 급격한 충격을 줌으로써 개선 효과를 얻는 방법.

친구들과 우정 나누기

엄마와 친구가 되어 우정을 나누는 롤플레잉 연습이 필요하다. 내 것, 네 것 구분하고 다른 친구들의 감정도 헤아리기에는 '역할 놀이'가 가장 효과적인데 또한 아이가 친구를 때렸을 때는 아래의 3가지를 반드시 기억한다.

1) 왜 친구를 때렸냐고 다그치지 않는다. (아이도 잘 모른다.)
2) 친구를 물기 전에 무슨 일이 있었냐고 물어본다. (아이가 그때 상황을 생각해 볼 수 있게 되고, 아이에게 이야기할 수 있는 기회를 준다.)
3) 대안을 제시해준다.

아빠와 아이의 공통점 찾기

아빠에 대한 경계심을 허물어줘야 한다. 그동안 아이와 노는 시간보다 컴퓨터 게임을 하며 보내는 시간이 많았던 아빠가 나영이와 똑같은 커플티를 준비했다. 자신과 아빠 사이에 공통점이 있다는 것을 발견했을 때 아이는 엄청난 즐거움을 느낀다. 커플티로 아이와의 공감대를 형성했다면, 이제부터 엄마와 아빠는 아이 앞에서 크게 웃는 모습을 자주 보여준다. 그랬을 때 아이는 '우리 엄마와 아빠가 매우 행복하구나, 사랑하는 사이구나' 생각하고 심리적인 안정감을 느끼게 된다.

우리 아이에게 맞는 맞춤 기 잡기

계단식 훈육법

엄마가 어린이집에 갔다온 나영이에게 옷을 갈아입자고 하자 나영이가 앙칼지게 저항을 한다. 그러더니 어김없이 양손에 힘을 꽉 주고 엄마의 머리채를 휘어잡는데, 이때 공격적인 행동을 한 번에 소거하려고 하기보다 공격성과 분노감을 한 단계, 한 단계씩 낮추는 계단식 훈육법이 효과적이다.

첫 번째, 아이의 감정은 공감해주되 아이의 행동은 제안한다.
두 번째, 부정적 감정은 점진적 소거 과정을 통해 해결한다.
("감정을 가라앉힌 후, 열을 세면 엄마도 나영이의 머리채를 놓고 나영이도 엄마의 머리채를 놓는 거다"라고 말을 한 후, 머리채에서 손을 떼게 한다.)
세 번째, 아이가 머리채를 놓으면 "화가 났다고 엄마의 머리채를 잡으면 안 되는 거야"라고 단호하게 말한다.

솔루션 기간을 지나는 동안 위기도 많
았지만 가족 모두가 손을 잡고 끝까지
달려온 나영이네, 과연 어떻게 달라졌
을까? 시도 때도 없이 엄마의 머리채를 잡던 나영이가 이젠 미용실
놀이로 미용사가 되어 엄마의 머리에 파마를 시켜준다. 뿐만 아니
라 엄마의 말 한마디에 정리 정돈도 알아서 척척 하는가 하면 항상
티격태격 싸우던 친구와도 몰라보게 사이가 좋아졌다. 하지만 무엇
보다 큰 변화는 낯선 아저씨가 과자를 사준다고 해도 이제 절대로
따라가지 않는다는 사실이다. 머리채를 잡고 싸우던 엄마와 딸의
막장 드라마의 끝은 해피엔딩이었다.

징그럽게
할머니만 찾아요

엄마가 도맡아 양육한 지 10일 째

4살 미연이의 엄마는 얼마 전까지 아이를 친정에 맡기고 일을 하는 '직장맘'이었다. 그러다 10일 전부터 다니던 직장을 그만두고, 본격적인 육아에 나섰는데 엄마는 친정집에서 아이를 데리고 오기만 하면 모든 게 다 잘될 거라고 믿었다. 그러나 이런 엄마의 믿음은 아이를 도맡아 양육한 지 10일 만에 산산조각이 나버렸다. 미연이가 자신을 낳아준 엄마보다 할머니를 더 찾기 때문인데 그동안 엄마를 대신해 미연이를 먹여주고 키워준 할머니에 대한 정이 각별한 거야 이해하지만, 엄마를 '이모'라고 부르며 제 몸에 손 끝 하나 못 대게 하는 딸을 보자 과연 엄마 혼자 아이의 양육을 제대로 할 수 있을지

부모를 거부하는
우리 아이

걱정이 이만저만이 아니다

할머니 없이 눈뜬 오늘 아침도 미연이는 짜증으로 하루를 시작한다. 엄마 얼굴만 봐도 짜증이 나는 건지 가까이 오지 말라며 엄마의 얼굴을 밀어내더니 급기야 엄마의 머리채를 잡고 흔들기 시작한다. 결국 엄마는 오늘도 20분 거리에 사는 친정 엄마에게 SOS를 요청할 수밖에 없었다. 헤어진 연인을 다시 만난대도 이렇게 반가울까, 할머니를 보자 쪼르르 달려가 안기더니 고사리 손으로 조물조물 안마까지, 그야말로 눈물 없이는 볼 수 없는 감동의 이산가족 상봉이 따로 없다. 그런데 그런 미연이 때문에 할머니는 허리가 남아나질 않는다. 그렇지 않아도 허리가 안 좋은데 마트에 장을 보러 가도 엄마는 카트에 손도 못 대게 하고 무조건 할머니만 카트를 밀 수 있다고 고집을 부리니 장 한 번 보고 나면 할머니는 허리가 아파 일어날 수조차 없다.

밤이라고 사정이 나아지는 것은 아니다. 밤이 되면 할머니 찾는 게 더 심해지는데 할머니도 할머니집이 있는데 어떻게 매일 밤 같이 자자는 건지 당장 데려오라고 구토까지 하면서 할머니를 찾는다. 이런 미연이 때문에 엄마는 속이 까맣게 타들어갈 지경이다. 꾸벅꾸벅 졸면서도 할머니만 찾는 미연이, 대체 무엇이 문제인 걸까?

엄마와 아이 사이는 모녀지간이 아닌 자매의 경쟁 관계

일상을 관찰하던 중 미연이의 놀라운 모습이 발견되었다. 할머니가 집에 놀러온 친구에게 책을 읽어주고 재미있게 놀아주는데 미연이가 얌전하게 지켜보기만 한다. 심지어 자신의 블록을 친구에게 양보까지 하며 사이좋게 놀았는데, 이런 화기애애한 분위기에 엄마가 슬쩍 끼어들자 또다시 짜증을 내며 아예 장난감을 들고 다른 방으로 들어가버렸다. 미연이는 왜 엄마한테만 까칠하게 대하는 걸까?

> "미연이와 엄마와의 관계는 마치 나이 많은 큰언니와 늦둥이 막내 동생 같습니다. 미연이는 할머니와의 안정된 사랑의 관계를 엄마가 끼어들어서 자신의 사랑을 약탈해간다는 두려움 속에 있는 것입니다."
>
> – 오은영 소아청소년정신과 전문의

아이를 밀어내는 엄마

엄마가 미연이에게 약을 먹이려 하는데 미연이가 안 먹겠다며 고집을 부린다. 그러자 엄마가 매섭게 미연이한테서 돌아선다. 그러더니 약을 안 먹었으니 컴퓨터를 할 수 없다고 미연이가 하는 컴퓨터를 꺼버린다. 미연이가 "엄마 왜 그래? 자꾸 왜 그래!" 울면서 매달리는데도 엄마는 미연이에게 눈길 한 번 주지 않고, 묵묵히 제 할 일만 한다. 결국 엄마의 냉정한 태도에 미연이가 스스로 약을 먹는데 엄마는 칭찬 한 번 해주지 않는다.

미연이가 엄마한테 와서 안아달라고 할 때도 엄마는 땀이 나 덥다며 아이를 밀어내기만 한다. 미연이가 엄마 무릎에 앉겠다고 할 때도 "너 아기 아니잖아! 바닥에 앉아!" 절대로 허락하지 않았는데,

미연이의 끈질긴 고집에 결국 미연이를 안아주게 되었을 때도 엄마의 반응은 뜨뜻미지근하기만 했다. 엄마는 미연이와 친해질 기회를 전혀 살리지 못하고 있었다.

> "아이들은 부모가 자기를 사랑해주지 않을 때 본능적으로 두 가지 감정을 느낍니다. '나는 이렇게 사랑도 못 받는 존재야?' 하는 좌절감과 '엄마가 되어서 이렇게 사랑도 안 해줘?'라는 분노감입니다. 엄마한테 다가가도 거절 당하니까 신경질이 나고, 멀어지자니 속상하고 겁이 나서 미연이는 지금 이러지도 저러지도 못하는 혼란스러운 상태입니다."
>
> **— 오은영 소아청소년정신과 전문의**

아이의 컴퓨터 집착

엄마에게 받은 좌절과 분노감은 일상 전반에 더 큰 문제 행동을 야기했다. 어린이집에 갔다 오자마자 가방을 팽개친 미연이가 직행하는 곳은 컴퓨터 앞이었다. 이제 고작 32개월밖에 안 된 아이가 혼자서 컴퓨터를 켜고 유아 사이트를 알아서 클릭하더니 거침없이 게임을 시작한다. 그런데 한 번 컴퓨터 앞에 앉으면 앉은 채로 응가를 할 때까지 일어날 줄을 몰랐다. 할머니를 안 찾고 조용히 잠들 때는 오직 컴퓨터 앞에 있을 때 뿐이었는데, 그만큼 아이는 집안에서 마음 둘 곳이 마땅치 않다는 것이다. 이제부터는 그 자리를 엄마가 메워줘야 한다. 그렇지 않으면 미연이는 결핍이 많은 문제 아이로 자랄 것이다.

할머니에게 양육 비법 전수받기

미연이에 대한 육아 경험이 풍부한 할머니에게서 육아 노하우를 전수 받는다. 엄마가 한 달 만에 아이의 마음을 끌어당긴다는 것은 불가능하므로 아이의 심리적 · 신체적 특징을 잘 알고 있는 할머니를 통해서 아이의 모든 것을 다시 알아간다. 또한 엄마가 아직 양육에 미숙한 상태에서 할머니와의 분리는 아이에게 좋지 않은 영향을 줄 수 있다. 지금의 구도는 유지하되, 엄마가 서서히 엄마의 자리를 찾아가는 방법을 시도해 본다.

아이와의 기본적인 상호작용 배우기

엄마는 '갓난아이와 엄마가 애착과 상호 유대 관계를 맺는 과정'을 차근차근 단계별로 다시 밟아간다. 먼저 엄마는 아이와 놀이를 통해 스킨십을 강화해야 한다. 얼굴을 대면하고 서로 다정스러운 눈빛으로 쳐다보기만 해도 아이는 엄마와 가깝다는 것을 느끼고 친숙해질 수가 있는데 화장 놀이가 좋은 방법이 될 수 있다. 엄마와 아이가 마주 앉아 화장을 해주다 보면 자연스럽게 스킨십이 이뤄지고 무의식적으로 감정의 교류가 이뤄질 수 있다.

부모를 거부하는
우리 아이

할머니와 이별 연습하기

할머니와 편안하게 분리되는 것을 아이가 배우게 한다. 그러기 위해서 할머니는 미연이네 집을 나갈 때 몰래 나가면 절대 안 된다. 먼저 시계를 보며 아이에게 할머니가 집에 가야 한다는 상황을 충분히 설명해준다. 그래도 아이가 할머니한테 매달린다면 억지로 떼어놓으려고 하기보다 아이가 좋아하는 것으로 아이의 환심을 산다. 아이의 마음을 읽기 시작한 엄마가 아이가 좋아하는 화장 놀이를 하자고 유도하자 할머니와 안 떨어지겠다고 울며불며 매달리던 미연이가 할머니를 향해 90도 인사를 한다. 그날 밤 화장 놀이로 엄마의 사랑을 듬뿍 느낀 미연이는 밤에도 할머니를 찾지 않고 엄마와 꼭 안고 잠이 들었다.

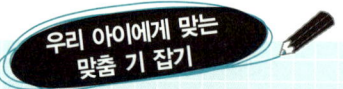

할머니와 아이 사이에서 엄마 자리 찾기

개선 중반, 아직까지 할머니만 있으면 엄마를 밀어내는 아이를 위해 전문가의 현장 코치가 실시되었다. 몸이 불편한 할머니를 위해서라도 개선이 시급한 상황인데, 장을 보러 나간 길에 엄마가 카트를 밀자 역시나 '할머니가 밀어라!' 바로 울음 떼가 발동한다. 이럴 때는 아이와 이야기를 해 보는 것이 좋다. "할머니가 허리가 아프니까 할머니가 열 셀 때까지만 밀고 그 다음에는 엄마가 다섯 셀 때까지 밀자." 그러나 엄마 말이 채 끝나기도 전에 미연이가 일언지하에 퇴짜를 놓는다. 급기야 엄마의 얼굴까지 밀치며 강하게 거부를 하는데, 이럴 때는 정서적으로 아이와 가까워지는 게 더 중요하다. 엄마가 아이가 가장 좋아하는 음식을 가져와 기분을 맞춰주자 조금 전까지 엄마는 카트에 손도 못 대게 하던 미연이가 할머니 대신 엄마가 카트를 밀어도 된다고 허락을 한다. 난생처음 할머니 대신 엄마에게 자리를 내어주는 아이를 보자 할머니는 대견하면서도 한편으로는 또 서운한 마음을 숨길 수가 없는데, 허전하긴 하지만 이제 진짜 손녀딸의 행복을 빌어줘야 할 때다.

아빠의 자리 찾기

일상을 관찰하는 내내 제작진은 아빠의 모습을 거의 볼 수 없었다. 한마디로 집안 내에서 아빠는 항상 '부재 중'이었는데 이제 집안의 가장, 아빠의 자리를 다시 찾아야 한다. 하지만 처음부터 욕심은 금물이다. 안 하던 것을 하려면 오히려 오래 못 가는 부작용이 생긴다. 더도 말고 덜도 말고 아빠는 하루에 딱 30분씩만 아이와 놀아준다는 계획을 세운다. 놀이 방법도 거창한 것이 아니라 풍선 하나를 가지고도 아이 앞에서 큰 소리로 웃고 놀아주면 아이는 정서적으로 안정감을 찾을 수 있다.

컴퓨터는 이제 그만

32개월 미연이는 컴퓨터를 너무 많이 접하고 있었다. 초등학교 입학 전까지는 굳이 컴퓨터를 접할 필요가 없다. 아이가 감당할 수 있을 정도로 조금씩 컴퓨터 사용을 줄여나가고 성공적으로 이행했을 때는 칭찬을 듬뿍해준다.

하루하루 달라지는 미연이네! 할머니가 오시면 즐겁게 반기는 건 여전한데, 이제는 엄마의 말끝마다 방긋방긋 웃음꽃을 터트린다. 어디 그뿐이랴. 엄마가 할머니의 무릎을 베고 누워도 아무렇지 않고, 오히려 엄마의 팔을 조물조물 주물러주며 효녀 노릇을 한다. 엄마는 이대로만 쭉 자란다면 아기 때 못 해준 사랑까지 다 해줄 수 있을 것 같다. 아이와 오랜 시간을 보내는 것도 중요하지만, 얼마나 깊고 단단하게 시간을 보내느냐가 중요하다는 것을 엄마는 깨달았다.

할아버지 할머니한테
응석이 심해요

엄마만 보면 떼쟁이가 되는 아이

우진이 할아버지의 손자 사랑은 온 동네 소문이 자자할 정도로 대단하다. 맞벌이를 하는 아들 내외를 대신해 하루 종일 손자를 돌보느라 힘이 들 법도 한데, 할아버지는 수박 한 쪽을 먹을 때도 우진이의 의사를 먼저 물어보았다. "어떻게 잘라줄까? 반쪽으로? 세 쪽으로?" 이렇게 하루 종일 할아버지한테 상전 대접을 받다 보니, 퇴근해 돌아온 엄마가 손 한 번 씻겨주려고 해도 우진이는 무조건 할아버지만 찾았다. 할아버지만 찾다 못해 엄마만 보면 아무 이유없이 울음을 터트리고 떼쟁이가 되는 바람에 엄마는 업무보다 더한 육아 스트레스에 시달리고 있었는데, 한밤중에 갑자기 일어나 배가

고프다며 집 안을 헤매고 다닐 때는 자식이 아니라 원수라는 생각까지 들었다. 그러나 조금만 참았다가 내일 아침에 일찍 일어나 밥을 먹었으면 하는 엄마의 바람과 달리 할아버지와 할머니는 기어이 우진이의 밥을 차려준다.

밤마다 이런 소동을 벌이다 보니 우진이의 아침 기상은 당연히 힘들 수밖에 없다. 엄마도 서둘러 우진이를 어린이집에 보내고 출근을 해야 하는데, 엄마랑은 양치질도 하기 싫다며 또다시 집이 떠나가라 통곡을 한다. 결국 이번에도 마당에서 일하던 할아버지가 들어와 우진이의 등원 준비를 도와주었는데, 할아버지를 보자 엄마가 자신을 때렸다고 우진이가 거짓말로 고자질을 한다. 우진이와 실랑이하느라 출근 시간에 늦은 것도 억울한데 할아버지한테 억울한 누명까지 쓰게 하다니, 엄마는 속에서 열불이 난다.

그날 저녁 하나밖에 없는 누나가 핸드폰 게임을 하는데 어깨너머로 보던 우진이가 욕심이 났는지 뺏으려고 달려든다. 누나가 조금만 하고 준다고 해도 누나의 어깨를 깨물며 기어이 핸드폰을 차지해버렸다. 누나의 울음소리를 듣고 달려온 아빠가 이번엔 우진이의 나쁜 버릇을 좀 고쳐 보려 했지만 할아버지가 냉큼 우진이를 안고 방으로 들어가는 바람에 모처럼 제대로 훈육 한 번 해보려던 아빠의 결심은 할아버지 때문에 맥없이 무너져버리고 말았다. 아빠는 이럴 때마다 어른들이랑 싸울 수도 없고 속상해도 그냥 넘어갈 수밖에 없다. 조부모와 양육 방식의 충돌, 무엇이 문제이고 어떻게 해결하면 좋을까?

안 되는 것을 경험해 보지 못한 아이

아이가 문제가 있는 집안을 가만히 들여다보면 아이를 존중해주지 않는 경우가 많다. 그런데 우진이네는 그 반대로 지나칠 정도로 아이를 존중해주고 수용해주고 있었다.

> "이 세상을 살다 보면 안 되는 것이 있고 그렇다는 것을 받아들여야 되거든요. 그것을 배우지 못하면 '내가 원하는 게 어떻게 안 될 수가 있어!' 별 것 아닌 일에도 분노하는 사람이 되고, 실패나 좌절을 경험해도 그것을 극복하지 못해 제 2, 제 3의 문제로 발전하게 됩니다."
>
> **– 오은영 소아청소년정신과 전문의**

실제로 놀이 평가를 하러 간 병원에서 우진이는 심각한 문제를 드러냈다. 놀이실에 들어가기 전 차례를 기다리는데 우진이는 잠시도 기다리지 못하고 당장 들어가 놀고 싶다고 엄마를 졸랐다. 엄마가 아무리 우진이를 타일러도 말이 전혀 통하지 않았고, 결국 대기 순번을 무시하고 우진이가 먼저 놀이실에 입장을 했다. 우진이는 공공장소의 질서와 규칙을 하나도 받아들이지 못하고 있었다.

아이의 욕구를 받아주지 않는 엄마

그런데 그렇게 들어온 놀이실에서 엄마는 우진이와 함께 좀 놀아주는가 싶더니 점점 참여하지 못하고 겉돌기만 했다. 시간이 지나자 아예 아이들 뒤에 앉아 멍하니 지켜보기만 했는데, 일상 관찰 중에도 엄마는 우진이가 안아달라고 조르는데도 선뜻 안아주지 않는 모습을 자주 보였다. 안아달라는 우진이에게 양말을 벗으라는 둥, 이런 저런 핑계를 대며 흔쾌히 안아주지 않고 거부를 했다. 보다 못한 아빠가 엄마 대신 우진이를 안아주려고 하자, 엄마를 원했던 우진이는 아빠를 강하게 밀어낸다. 엄마는 우진이를 안아주긴 했지만 안은 지 2분 만에 다시 아이를 내려놓고 말았다.

> "우진이 엄마는 수용해줘야 할 것도 수용해주지 않는 엄마입니다. 아이가 엄마한테 안아달라고 할 때는 '내가 정서적으로 편안할 수 있게 해주세요.'라는 얘기인데 충분히 받아주지 않고 아이의 애간장을 태우니까 아이는 늘 힘들 수밖에 없는 겁니다."
>
> — 오은영 소아청소년정신과 전문의

우리 아이를 달라지게 하는 완벽 솔루션

일관된 양육 원칙 세우기

우진이의 양육 방식을 놓고 하나부터 열까지 충돌하기만 했던 가족들, 이제부터 일관된 양육 지침을 정한다. 우선 일상생활의 순서와 규칙을 다시 설정해 질서를 잡는다. 그리고 여러 가지 원칙들이 정해지면 모든 가족이 합심해서 똑같이 실천한다. 무엇보다 엄마가 없는 시간에도 할아버지와 할머니가 항상 일관되게 우진이를 양육하는 것이 중요하다.

스킨십을 통해 다정한 엄마가 되라

그동안 엄마는 할아버지와 할머니만 믿고 아이에게 소홀했던 면이 많았다. 이제부터는 퇴근 후 최소 30분은 아이와 흠뻑 스킨십을 하고, 얼굴을 마주보고 웃으며 이야기하는 시간을 갖는다. 가족이 함께하는 놀이는 가족이 협동할 수 있는 기회를 만들어 가족 관계를 더욱 건강하게 만든다.

숙면을 부르는 베이비 마사지

밤마다 잠을 안 자고 온 집을 헤집고 다니던 우진이 때문에 직장 생활을 하는 엄마는 잠 한 숨 못 자는 날이 많았다. 성장기에 있는 아이들 같은 경우 밤에 숙면을 취하지 못하고 계속 중간에 깨는 경우가 많은데, 이럴 때는 마사지를 통해 편안하게 숙면을 유도해주는 것이 좋다. 마사지는 엄마와 아기가 상호작용할 수 있게 도와주는 최고의 방법이다.

욕구 조절 능력 키워주기

항상 바쁘던 아빠가 모처럼 시간을 내서 우진이와 단 둘이 산에 오른다. 아이가 감당할 수 있을 만한 극기 체험은 아이의 인내심과 자제심을 키우는 데 많은 도움이 된다. 한편, 우진이와 아빠가 단 둘이 등산을 하는 동안 떼쟁이 동생에게 모든 걸 양보하기만 했던 누나는 모처럼 엄마와 할머니를 양 옆에 독차지하고 즐거운 시간을

부모를 거부하는
우리 아이

보냈다. 한 아이에게만 사랑을 주다 보면 나머지 아이들은 결핍된 감정을 느낄 수밖에 없다. 두 아이 사이에 적절한 사랑의 균형을 맞춰주는 것이 중요하다.

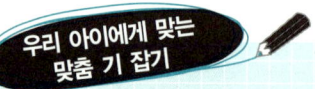

할아버지는 훈육에서 빠지세요

우진이가 또 누나가 하고 있던 핸드폰을 다짜고짜 뺏는다. 누나가 넘겨주지 않자 누나를 꼬집고 물며 못살게 구는데, 걸핏하면 사람을 깨무는 우진이의 못된 버릇을 잡아주기 위해 엄마가 훈육을 시도했다. 하지만 한 번도 안 되는 것을 배워본 적이 없는 우진이가 엄마의 통제에 넘어갈 듯 울부짖으며 할아버지를 찾는다. 그러자 아니나 다를까 할아버지가 참지 못하고 개입을 하고 말았다. 그동안 이처럼 우진이가 할아버지에게 S.O.S를 외칠 때마다 엄마와 아빠는 손 쓸 길이 없었다. 하지만 할아버지를 애타게 부른다고 여기서 또 받아주면 우진이는 개선될 수 없다. 엄마가 다시 한 번 강하게 훈육에 들어가자, 차마 우진이를 똑바로 볼 수 없는 할아버지가 슬그머니 자리를 피한다. 하지만 훈육은 아이를 올바르게 가르치려면 반드시 견뎌야 할 과정, 할아버지도 피하지 않고 보는 것이 중요하다. 평소 든든한 지원군이었던 할아버지조차 자신을 도와주지 않자, 우진이가 더더욱 거세게 저항한다. 말로는 다 울었다고 하면서도 쉽게 수그러들지 않는데 "엄마가 그치라잖아. 할아버지도 안돼. 혼나!" 할아버지가 엄마 편에 서서 힘 있게 한마디를 하자 우진이가 드디어 분노를 가라앉힌다. 훈육을 통해 되는 것과 안 되는 것을 배운 우진이는 오늘 한 뼘 더 자랐다.

며칠 후, 우진이네 집을 다시 찾았다. 매일 아침마다 양치질 안 하겠다, 세수 안 하겠다 고집을 부리던 우진이는 어디 가고, 뽀득뽀득 혼자서 세수도 잘하고 양치질도 척척 잘하는 우진이가 되었다. 이렇게 예쁜 짓만 골라서 하는 우진이 때문에 가족들도 기분 좋게 아침을 맞을 수 있게 되었으며, 어린이집에 갔다 와서는 할아버지의 일손도 돕는 의젓한 손자가 되었다. 우진이뿐 아니라 엄마도 달라졌다. 퇴근만 했다 하면 우진이를 옆에 끼고 앉아 안고 뽀뽀하고 닭살 커플이 따로 없었는데 엄마만 보면 울던 아이가 이제 엄마만 보면 활짝 웃는 아이가 되었다.

육아를 맡고 있는 할머니를 만만하게 봐요

맞벌이 가정의 육아 전쟁

이현이의 상담을 의뢰한 사람은 부모님이 아닌 이현이의 친할머니였다. 맞벌이를 하는 아들 내외를 대신해 친할머니가 이현이의 양육을 전담하고 있었는데, 할머니 혼자서는 도저히 3살 손자가 감당이 안 된다고 했다. 하지만 이현이의 엄마와 아빠는 제 3자에게 도움을 요청할 만큼 이현이에게 문제가 있다고 생각하지 않았다. 오히려 할머니의 양육 방식에 문제가 있다고 생각했는데, 아이의 양육을 두고 벌어진 고부간 갈등의 골은 이미 깊을대로 깊어 보였다.

그렇다면 이현이는 어떤 아이일까? 이른 아침, 출근하는 엄마, 아빠와의 애달픈 이별식을 치른 이현이가 현관문 앞에서 서러운 눈물을 쏟아낸다. 할머니가 아무리 어르고 달래도 울음을 그치기는커녕 차가운 바닥에서 일어날 생각조차 하지 않는데 어린이 집에 가려면 서둘러 아침밥을 먹어야 하는 상황, 할머니가 아침밥을 차린다. 그러나 이현이가 밥 숟가락을 내던지며 어린이 집에 안 가겠다고 온갖 짜증을 부리기 시작한다. 그러나 아들 내외를 대신해 이현이의 양육을 맡고 있는 이상 할머니는 어떻게든 이현이를 어린이집에 보내야 한다. 온갖 수단과 방법을 동원해 이현이를 아파트 단지 안에 있는 어린이집에 보내는 데 성공하긴 했는데 산 넘어 산이라고 했던가. 하원하는 이현이가 난데없이 버스를 타자고 생떼를 부린다. 한 번 고집을 부리면 누구도 말릴 수 없다는 것을 알기에 할머니는 일단 이현이를 데리고 버스를 탔는데, 버스를 타고 동네 한 바퀴를 돌고 오자 어느새 6시가 훌쩍 넘었다. 이때부터 못 다한 집안일을 해도 할머니는 시간이 부족한데 텔레비전을 보던 이현이가 이번에는 자기 옆에 콕 붙어 있으라고 명령을 한다. 그런데 더욱 기가 막힌 건 그러던 이현이가 엄마와 아빠가 퇴근해서 오면 하루 종일 자기 시중 다 들어주느라 파김치가 된 할머니는 쳐다보지도 않고 엄마한테만 매달린다는 사실이다. 밥도 엄마하고만 먹겠다고 하고 손으로 먹지 말고 포크로 먹으라는 말참견 한 번 했다고 할머니의 입을 틀어막기까지 한다. 그래도 성에 안 차는지 아예 대놓고 할머니는 할머니집에 가라고 호통까지 치는데, 하루 종일 자신에게 정성을 쏟은 할머니에게 이현이는 왜 이렇게 까칠한 걸까?

부모를 거부하는
우리 아이

할머니는 약탈자

하루 24시간 이현이한테 시달림을 당하는 할머니의 일상을 가만히 들여다보면 한가지 특징이 있었다. 할머니는 이현이가 손에 잡는 물건은 모조리 뺏고 봤다. 바나나 우유 하나를 먹을 때도 "우유 맛있니? 잘 먹어라"가 아니라 "나 좀 줘 봐! 할머니도 한 입 먹자!" 하고 우유를 약탈해갔다. 이렇듯 할머니는 이현이와 끊임없이 상호작용을 하고 있기는 한데, 그 반응의 방식이 전부 규제와 통제, 그리고 약탈과 방해뿐이었다. 그런데 이렇게 이현이의 일거수일투족을 규제하고 통제하는 할머니의 행동에도 이유가 있었다.

> "할머니 입장에서는 아들과 며느리가 퇴근해서 집에 왔을 때 집 안도 깨끗하고 아이도 잘 봤다는 소리를 듣고 싶으시죠. 아이를 키우고 계신 조부모들이 대부분 본인이 아이를 키우는 것에 대한 두려움이 부모보다 더 큽니다. 혹시 내가 아이를 잘못 키운 건 아닌가, 잘못되지는 않을까 그래서 더 촉각을 곤두세웁니다. 한마디로 아들과 며느리 눈치가 보이는 거죠."
>
> **- 오은영 소아청소년정신과 전문의**

특히 할머니는 유독 이현이의 약 먹는 것에 집착을 했다. 밥을 다 먹지 않아도 무조건 약만큼은 제 시간에 칼같이 먹여야 한다고 생각했는데, 이런 생각 때문에 할머니는 이현이가 아무리 먹기 싫다고 몸부림을 쳐도 절대 그냥 넘어가는 법이 없었다. 하지만 3살은 조금 어설퍼도 '내가 할 거야, 내가 만져볼 거야, 내가 결정할 거야!' 하며 자율성이 확립되는 나이인데, 할머니는 손자에 대한 과도한 의무감과 책임감 때문에 이현이가 먹는 것 하나하나까지 다 간섭을 했다. 이렇다 보니 이현이는 짜증과 떼로 자신의 의사를 표현할 수밖에 없었고, 결국 금쪽같은 손자를 누구보다 잘 키우고 싶었던 할머니의 마음이 오히려 손자의 감정과 의사를 무시하는 결과를 초래하고 말았다.

아이의 발달을 너무 높게 생각하고 있는 엄마

반면 엄마는 아이가 알아들을 수 있는 언어 기능에 비해 설명을 너무 어렵고 장황하게 했다. 이현이가 먹다 남은 피자 조각 대신 새 피자를 먹겠다고 하자 3살 아이가 알아듣기 힘든 단어들로 구구절절 설명을 했고, 한 번 설명을 시작했다 하면 3~4분은 기본이었다. 아이는 엄마의 설명을 듣다가 어느새 집중력이 떨어지고, 급기야 듣기 싫다는 무언의 의미로 엄마의 얼굴을 향해 손찌검을 하기도 했는데 그럴 때마다 엄마는 아이의 버릇을 고쳐줘야 한다는 명목하에 아이를 호되게 훈육했다. 그러면 그럴수록 이현이의 반항은 더욱 심해졌다. 아이에게 규칙을 가르친다는 게 오히려 아이에게 반감을 갖게 하는 역효과를 낳고 말았다.

"아이는 할머니가 가르치는 것은 규제와 통제니까 안 받아들이고, 엄마가 가르쳐주는 것은 너무 장황해서 못 알아듣는 거예요.

이 상황이 계속되면 결국 아이는 사회에서 같이 살아나가는 데 꼭 필요한 기준과 질서, 규범을 배우지 못한 채로 자랄 수 있습니다."

— 오은영 소아청소년정신과 전문의

양육의 역할 분담하기

세 살 버릇 여든까지 간다는 말처럼 세 살은 울음 떼와 폭력의 출발점이다. 이 나이 때에 제대로 교육 받지 못하면 평생 잘못된 아이로 자랄 수도 있다. 이제부터는 아이를 양육하는 사람의 서열과 각자가 맡은 역할을 분명하게 정한다. 이를 위해 그동안 이현이 때문에 5분 거리에 있는 집 대신 아들 내외 집에서 생활하던 할머니가 과감히 출퇴근을 결정했다. 다음 날 어린이집에 이현이를 보내는 것까지는 엄마와 아빠가 맡고, 할머니는 어린이집에서 이현이를 데리고 올 때부터 양육을 담당하기로 했다.

그동안 엄마와 아빠는 아이의 양육이 별로 힘들지 않다고 생각했고, 반대로 할머니는 굉장히 힘들다고 생각했다. 이 격차를 줄이기 위해서는 평소 양육에 대한 의견을 충분히 교환해야 한다. 아이들은 어른들이 서로 의사 교환을 하고 의논하는 과정을 보면서 사회성을 배우게 된다. 그러면 어린이집에서 친구들과의 사이도 훨씬 좋아질 수 있다.

아이의 눈높이에 맞춰 설명하기

엄마는 아이에게 약을 먹일 때조차 구구절절 먹어야 하는 이유에 대해서 설명했다. 그러나 3살 아이들은 아직 언어적 개념이 충분히 발달하지 않았기 때문에 말로 길게 설명을 하면 잘 못 알아듣는다. 되도록 짧고 간단한 단어와 행동으로 말하는 것이 효과적이다.

예) "기침이 나면 콧물이 나고 몸이 아프니까 약을 먹어야 돼." (×)

　　"콜록콜록 하면, 아야, 아야!" (○)

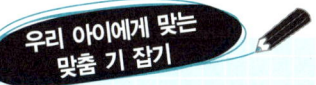

아이가 운다고 마음 약해지지 않는다

가족들이 기분 전환도 할 겸 근처 놀이동산을 찾았다. 누구보다 신이 난 사람은 이현이었는데, 너무 신이 난 탓일까? 뒤에 친구가 기다리는데도 한 번 탄 장난감 자동차에서 내릴 생각을 하지 않았다. 결국 아빠가 안 된다는 걸 행동으로 보여주기 위해 단호하게 이현이를 안고 자동차에서 내렸다. 그러자 놀이동산이 떠나가라 이현이가 대성통곡을 한다. 그런데 누구보다 개선의 의지가 강했던 할머니가 "그만해라, 애를 왜 울려!"라며 흔들리는 모습을 보였다. 결국 할머니의 개입으로 훈육은 실패로 돌아가고 말았는데 솔루션이 시작되면서 이현이의 울음 떼가 늘어난 것은 사실이었다.

　"이야기를 안 들어주다가 들어주기 시작하면 아이의 요구가 굉장히 많아집니다. 그리고 떼가 일시적으로 확 늘어날 수 있습니다. 이때 안 되는 걸 아이가 울면서 얘기를 해도 그 내용을 자꾸 들으려고 하세요. 태도를 먼저 가르쳐주셔야 됩니다. 일단 울지 말고 얘기를 해야 한다는 것을 먼저 가르쳐야 합니다."

– 오은영 소아청소년정신과 전문의

결국 아이가 운다고 마음 약해졌던 어른들이 문제였다. 아빠가 다시 한 번 훈육을 시도하는데, 이때도 기억해야 할 것이 아이의 울음이 잦아들었다고 해서 너무 일찍 달래주면 훈육에 실패한다는 점이다. 3살은 아직 어리기 때문에 언어로 배우기보다 몸으로 가르쳐줘야 한다. 아이의 울음이 잦아들 때까지 가만히 잡고만 있어도 아이는 충분히 알아듣는다는 것을 기억해라.

우리 아이 어떻게 달라졌을까?

무의식적으로 손자 양육에서 주도권을 놓치고 싶지 않았던 시어머니와 그런 시어머니가 아이를 양육하는 것에 동의하지 않았던 엄마가 이제는 누구보다 양육에 대한 의견을 활발히 주고받기 시작했다. 육아 분담도 확실하게 이뤄지고 있었는데 엄마가 이현이의 약을 먹이면 할머니는 저녁을 준비하고, 할머니가 이현이와 놀아주면 엄마는 밀린 집안일을 했다. 과거에 엄마와 아빠가 퇴근해서 들어오면 할머니한테 대놓고 집에 가라고 소리를 지르던 이현이가 이젠 퇴근하는 할머니를 바라보는 얼굴에 아쉬움이

가득하다. 막무가내 생떼쟁이에서 집안의 효자로 거듭난 이현이.
그런 이현이 덕에 집안에는 고부간의 갈등 대신 평화가 찾아왔다.

부모를 거부하는
우리 아이

5

어린이집,
학교 생활이
너무 힘든
우리 아이

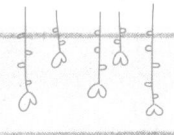

내 집, 남의 집,
어디에도 들어가지
않으려고 해요

집에 들어가느니 차라리 죽음을 달라

범일이를 만나러 간 날은 영하 10도가 넘는, 올해 들어 가장 추운 날이었다. 그런데 이렇게 추운 날, 범일이는 따뜻한 집 놔두고 몇 시간째 밖을 배회하고 있었다. 보다 못한 엄마가 이제 그만 집에 들어가자고 하자, 범일이가 갑자기 차가운 시멘트 바닥 위에 벌러덩 눕더니 온몸으로 집에 들어가기를 거부했다. 급기야 엄마의 손까지 물며 강하게 저항을 했다. 행여 으름장을 놓으면 따라 들어올까, 엄마 혼자 집에 들어가는 시늉을 해 보았지만 그러나 그러거나 말거나 범일이는 길 위에 배를 깔고 누워서 꿈쩍도 하지 않았다. 그때 마침 차가운 겨울비가 툭툭 떨어지는 바람에 겨우 집으로 데리고 들어올 수 있었는데 그렇다고 전쟁이 끝난 것은 아니었다. 억지로 귀가 조치 당했다는 사실이 분하고 화가 났는지 성질이 나는 대로 악을 쓰고 온 집안의 물건을 다 때려 부수며 화풀이를 했다.

그렇다고 집 이외의 다른 장소를 좋아하는 것도 아니었다. 손자 얼굴이 보고 싶다는 외할머니를 뵈러 근처에 있는 외갓집에 갔는데 범일이는 차에서 내리려고도 하지 않았다. 하는 수 없이 이번에도 엄마가 억지로 범일이를 차에서 끌어내려 질질 끌고 들어갔지만, 들어가서도 얼굴이 하얗게 질려 울고불고 난리를 치는 바람에 5분도 못 되어 다시 나올 수밖에 없었다. 이렇게 집이란 집은 다 안 들어가려고 하니 어린이집 역시 제대로 다니고 있지 못했는데, 왜 범일이는 평범한 4살 아이들처럼 생활할 수 없는건지 엄마는 가슴이 찢어지다 못해 무너져 내린다. 범일이는 대체 무엇이 문제인 것일까?

아빠는 기린, 엄마는 코끼리

아이들은 밖이 아무리 재미있어도 집을 더 좋아한다. 왜냐하면 '집'이라는 곳은 아이들에게 안정감을 주고 자신을 보호해주는 상징적인 장소이기 때문이다. 그런 집을 아이가 거부하고 있다는 것은 집에 있었을 때 안 좋은 경험이 있다는 증거다. 현재 범일이는 집에 대한 거부가 바깥의 다른 장소, 다른 집들까지 확장된 상태다.

범일이는 불안정 애착의 전형적인 유형이다. 모든 감정을 쌓는 가장 기본적인 엄마와의 애착이 제대로 형성이 되지 않았기 때문

어린이집, 학교 생활이
너무 힘든 우리 아이

에, 범일이에게 집은 불편한 곳일 수밖에 없다. 그렇다면 범일이는 엄마와 아빠, 그리고 그 사이에 있는 자신을 어떻게 생각하고 있을까? 범일이와 같이 언어 발달이 늦은 아이들은 동물 놀이를 통해 부모의 심리적 이미지와 가족 간의 관계, 그리고 아이 자신의 심리 상태를 상징적으로 알아볼 수 있다. 먼저 동물 인형들 중에 아빠를 찾아보라는 말에 범일이는 기린 인형을 집었다. 기린의 상징적인 의미는 방관자다. 실제로 범일이가 집에 안 들어가겠다고 난리를 칠 때 아빠는 창피하기도 하고, 아이와 아내 사이에 선뜻 끼어들기 민망한 마음에 멀리서 지켜볼 때가 많았다. 다음으로 엄마를 찾아보라는 말에 범일이는 덩치가 큰 코끼리를 집었다. 코끼리는 공격성을 상징한다. 엄마는 평소 범일이의 행동을 제지하기 위해 폭력을 자주 행사했다. 그렇다면 자신을 고르라는 말에 범일이는 어떤 인형을 골랐을까? 범일이는 인형들 중 가장 작은 인형을 자신으로 골랐다. 이는 보호받고, 사랑받고 싶은 심정을 상징적으로 표현한 것이다. 결국 범일이는 모든 감정을 쌓는 가장 기본적인 엄마와의 애착이 제대로 형성되어 있지 않아, 집은 물론이고 어린이집이나 할머니 집, 다른 사람들마저 거부하게 된 것이다.

텔레비전 소리만 가득한 집

그렇다면 평소 집에서 범일이와 엄마는 어떻게 지낼까? 의외로 범일이가 집에 조용히 있을 때도 있었다. 바로 텔레비전을 볼 때였는데, 텔레비전을 틀어놓자 엄마와 범일이 모두 조용히 텔레비전을 본다. 그런데 한참이 지나도 집안에는 텔레비전 소리만 있을 뿐 별다른 말소리가 나지 않았다. 아빠와 함께 있을 때도 마찬가지였는데 온 식구가 아침부터 밤늦게까지 텔레비전을 틀어놓고 텔레비전만 보았다.

> "엄마는 정서적으로 방임 수준입니다. 아이와 상호작용하는 법도 모르고 필요성도 느끼지 못해서 아이를 방치하고 있습니다. '놀이'가 아이와 '정서적인 소통'을 하기 위한 것이라는 기본적인 육아 상식도 전무합니다. 모성 본능에 대해 전혀 모르고 있다는 것이 더 위험한 것입니다."
>
> – 오은영 소아청소년정신과 전문의

부모가 아이를 정서적으로 방임하다 보니 정서적으로 지지받지 못한 아이는 세상이 두렵고 무서운 불안정한 상태가 될 수밖에 없었다.

게다가 텔레비전을 보지 않을 때 아빠와 범일이가 노는 모습은 흡사 조련사와 새끼 호랑이 같았는데 아이들은 놀이를 통해 룰과 순서를 배우면서 사회적인 질서를 습득하고 대화를 통해 감정도 배워야 하는데, 아빠는 반응을 주고는 있지만 인간적이고 질적인 반응이 아닌 윽박과 지시뿐이었다.

들어오고 싶은 집 만들기

아이에게 집이 재미있고 즐거운 경험을 할 수 있는 안전한 장소라는 인식을 심어줘야 한다. 그러기 위해 엄마와 아빠가 비장의 카드를 준비했는데, 범일이가 좋아하는 만화 주인공으로 변신해 밖에서 배회 중인 범일이를 데리러 나간 것이다. 스파이더맨으로 변신한 아빠를 보자 범일이의 두 눈이 휘둥그레지더니 "아빠랑 집에 들어가서 놀래!" 하며 바로 집으로 들어온다. 그런데 여기서 끝이 아니었다. 현관문을 열자 미리 준비해놓은 풍선 인형들이 범일이를 반겨주자 범일이가 좋아서 어쩔 줄을 모른다. 이때 엄마가 "범일아 우리 밖에 나갈까?" 슬쩍 한 번 떠보자 "싫어! 나 집에서 놀 거야. 밖에 안 나가!" 일언지하에 거절한다. 그동안 엄마와 아빠는 텔레비전만 틀어주면 된다고 생각했는데, 자신들의 생각이 얼마나 어리석었는지 절실히 깨달았다.

애착 형성 A부터 Z까지 다시 시작하기

엄마와 아빠는 아이를 사랑하지만 육아의 기본을 모르고 있었다. 잃어버린 지난 시간을 거슬러 올라가 애착 형성을 처음부터 다시 시작해야 한다.

> **애착 재형성 놀이**
> ① 까꿍 놀이: 대상이 지속적으로 그 자리에 있다는 것을 알게 되는 놀이로

안정된 애착을 형성하는 데 효과적이다.
② 아이 몸에 로션 발라주기: 애착 형성의 기본은 스킨십. 갓난아이한테 하듯 아이의 몸에 로션을 발라주면, 엄마와 아이는 정서적 교감을 나눌 수 있다.

성공적으로 어린이집에 들어가기

아이가 어린이집에 들어가기를 극도로 거부하는데도 엄마는 그동안 아이를 어린이집에 놔두고 도망치듯 빠져나오기만 했다. 이것은 정말 잘못된 방법이다. 범일이는 다른 사람과의 관계 형성에서 불안감이 큰 아이이기 때문에 정서적으로 불편해지는 순간을 안정적으로 넘어가게 도와줘야 한다. 먼저 엄마는 아이를 꼭 안고 아이를 엄마 몸에 밀착시킨 후 머리를 쓰다듬으며 귓속말로 "괜찮아, 괜찮아" 하며 아이의 마음을 안정시켜준다. 아이의 마음이 어느 정도 진정이 되었다면, 교실 진입도 같은 방법으로 손쉽게 성공할 수 있다. 아이가 교실에 들어갔다고 끝이 아니다. 엄마가 곁에 있어야 안심하는 범일이를 위해 엄마가 친구들 사이에서 징검다리 역할을 해준다. 다른 친구들한테 이름도 물어봐서 범일이에게 알려주고 소개도 시켜주고 친구들과 악수도 시켜준다. 그런 후 아이가 어느 정도 어린이집 생활에 적응을 하면 엄마가 한걸음 살짝 물러난다. 물러날 때도 "엄마 여기 있을 거야"라고 아이를 안심시켜주는 것이 중요하다. 그리고 엄마 대신 선생님이 그 자리로 들어간다. 어린이집 외의 다른 장소에 들어갈 때도 이와 같은 방법을 쓰면 아이가 낯선 곳에 대한 거부감을 없앨 수 있다.

공격적 행동을 바로 잡는 훈육법

학습지 선생님이 오시는 날이라고 아침부터 밖에 못 나가게 했더니, 범일이의 행동이 다시 거칠어졌다. 급기야 선생님의 가방은 물론 손에 잡히는 대로 집어던지며 온 집안을 아수라장으로 만들어놓는데, 아이의 난폭한 행동은 주변 사람은 물론 어린이집에서는 다른 친구들을 다치게 할 수 있기 때문에 반드시 훈육을 하고 넘어가야 한다. 그런데 엄마가 아이의 몸을 통제하자 또다시 범일이가 엄마의 얼굴을 때리며 고래고래 악을 쓴다. 이때 엄마는 당황스럽다고 가만히 있으면 절대 안 된다. "안 돼! 그만 해!"와 같이 단호하고 엄격한 말로 아이를 다스려야 한다.

올바른 훈육이란 스스로를 다스릴 수 있는 방법을 가르쳐주고 통제를 배우게 하는 것이다. 처음으로 하는 훈육에 범일이가 두 눈을 꼭 감고 모르쇠로 일관하지만, 엄마가 끝까지 단호한 태도를 버리지 않자 범일이가 조금씩 수긍한다. 훈육이 잘되면 아이들은 부모에게 순응하고 지시를 잘 따른다. 아이가 힘들어하고 저항할 때 그 어려운 고비를 부모가 외면하지 않고 같이 넘겨주기 때문이다. 제대로 된 훈육은 아이에게 분명한 원칙을 가르쳐줘 안정감을 준다는 사실을 잊지 말자.

내 집은 물론 남의 집, 어린이집까지 지붕 있는 곳은 절대로 들어가지 않으려고 했던 범일이가 어떻게 달라졌을까?

외출 후 예전 같았으면 차에서 내리려고도 하지 않던 범일이가 냉큼 차에서 내리더니 엄마보다 먼저 집으로 달려간다. 집에 들어와서도 텔레비전을 보는 대신 엄마와 오순도순 수다 꽃을 피우고, 매일 아침 전쟁 같았던 어린이집 가기도 더 이상 눈물을 보이지 않는다. 아직 살짝 얼어 있긴 하지만 엄마 없이 혼자 온 어린이집에 가서 친구들과 어울려 율동도 하고 수업도 듣고 이젠 친구가 내미는 손을 함께 잡고 놀 줄도 알게 된 범일이, 엄마와 아빠가 만든 따뜻한 집이 따뜻한 아이를 만들었다.

학교 가기를 거부해요

엄마 없는 학교는 절대 안 가

초등학교 1학년인 하성이는 입학하고 6개월이 지난 지금까지 엄마와 함께 등교를 하고 있다. 편의점을 운영하는 엄마가 아무리 가게에 급한 볼일이 있다고 해도 엄마 없이는 절대로 학교에 가지 않으려고 해 엄마도 어쩔 수 없이 가게를 아르바이트생에게 맡기고 매일 아침 하성이와 함께 등교를 하고 있었다. 그런데 교실도 엄마 없이는 안 들어가려고 해 엄마는 수업도 하성이 옆자리에서 함께 듣고 있었다. 하지만 언제까지 아이 옆에 있을 수는 없는 일, 2교시부터는 복도에 서 있을 테니까 혼자서 수업을 받으라고 하자, 엄마가 집에 가겠다는 것도 아닌데 학교가 떠나가라 울고불고 난리를 친다. 결국 엄마는 2교시도 하성이 옆에서 함께 수업을 들을 수밖에 없었다. 3교시는 겨우 엄마 없이 혼자 교실에 들어가 수업을 받기로 했다. 그러나 모두들 선생님 말에 집중하고 있는데 하성이는 오직 복도에 서 있는 엄마만 바라보고 있다. 이러니 엄마는 잠시도 하성이 시야 밖으로 벗어날 수가 없는데 다음날 편의점 아르바이트생한 테서 갑자기 일을 그만둔다는 연락이 왔다. 어쩔 수 없이 오늘은 엄마가 가게 문을 열 수밖에 없었는데, 그런 사정을 뻔히 알면서도 하성이는 "엄마는 가게가 중요해? 내가 중요해?" 괜한 트집을 잡으며 학교에 안 가겠다고 고집을 부린다. 그래도 가게를 안 열 수는 없는 일, 엄마는 하성이를 재빨리 학교에 데려다 주고 편의점으로 갔다. 그러나 가만히 있을 하성이가 아니다. 수업이 시작했는데도 무조건 엄마가 있는 가게로 데려다 달라고 울고불고 난리를 치더니 급기야 반 친구들이 다 보는 교실에서 하성이를 진정시키려는 선생님한테 함부로 대들기까지 했다. 그러더니 결국 선생님이 안 보는 틈을 타 몰래 책가방을 메고 집으로 가버렸는데, 대체 하성이는 왜 이렇게 엄마 없는 학교가 싫은 걸까?

아빠와 무슨 일이 있었던 걸까?

아이의 속마음을 알아보는 속마음 대화가 진행되었다. 하성이는 엄마가 옆에 없으면 무슨 일이 벌어질 것처럼 마음이 불안하고, 불편하다고 했다. 아빠를 좋아하냐는 질문에는 "술 먹어서 아빠는 싫어요"라고 대답했다. 또 평소 술을 많이 먹는다는 아빠는 술만 먹고

어린이집, 학교 생활이
너무 힘든 우리 아이

오면 엄마와 싸운다고도 했다. 그런가 하면 아빠가 하성이를 사랑하는 것 같으냐는 질문에는 단박에 "아니오"라고 답했다. 마지막으로 선생님이 하성이의 소원 세 가지를 들어준다고 하자 하성이는 "아빠가 술 안 먹고, 담배 안 피우고, 매일 나가서 돈을 안 썼으면 좋겠다"고 대답했다.

사실 일상 관찰 기간 내내 제작진은 아빠의 모습을 거의 볼 수 없었다. 유난히 수줍음이 많아 보이는 아빠는 어쩌다 한 번 마주칠 때도 카메라를 피해 다니기 바빴다. 그러던 어느 날 밤 엄마가 다급하게 아빠를 말려달라는 도움의 문자를 보낸 적이 있었다. 제작진이 다음 날 아침 일찍 하성이네 집을 방문했을 때 아빠는 허둥지둥 밖으로 나가버렸는데, 무슨 일이 있었던 건지 엄마에게 물어보자 엄마는 충격적인 말을 해줬다.

"술만 마시면 괜히 짜증을 내요. 들어오자마자 자는 애를 끌어내려 안겠다고 하다가 애를 떨어뜨려서 자던 애가 울고불고 난리가 났었어요. 그러면서 애가 자기를 싫어한다고 꼬투리를 잡아요. 애들 보는 데서 못 할 짓 안 할 짓 다 하면서 자기가 하는 거는 교육상 나쁜 게 하나도 없대요."

아빠는 술만 마시면 가족을 불안에 떨게 하는 사람이었다.

우리 아이가
달라졌어요

아이를 매로 다스리는 엄마

평소 엄마는 하성이가 조금만 잘못해도 다짜고짜 매부터 들었다. 하성이가 엄마 몰래 게임기를 들고 나가다가 들켰을 때도 "너 왜 엄마 말 무시하는데? 말해 봐! 말할 줄 몰라?" 이렇게 아이를 매로만 다스리는 엄마한테 하성이는 무엇을 배웠을까?

> 하성 : 신발 마구 던질 거예요.
> 선생님 : 왜?
> 하성 : 엄마가 혼내서.

> 엄마 : 친구들 봐봐. 엄청 수업 잘하잖아?
> 하성 : 난 평생 학교 안 가줄 테야! 엄마 괴롭힐 거야!

하성이가 배운 건 학교에 가서 소란을 피워 엄마한테 되갚아주겠다는 못된 심리뿐이었다.

불안이 높은 아이

하성이는 불안이 높은 아이다. 일상생활에서 경험하는 일반적인 자극들을 자신을 위협하고, 공격하고, 공포스럽게 하는 자극으로 받아들이고 있었다. 이렇게 자신을 둘러싼 모든 환경이 불안하고, 두렵고, 신뢰가 안 가는 상태에서 엄마와 아빠의 학대는 아이의 불안을 더욱 증폭시켰다.

"부모 사이가 냉랭하고, 만날 싸우는 가정은 아이의 불안을 더욱 증폭시키고 극도로 두렵게 합니다. 하성이가 이대로 자란다면 작은 자극에도 에구머니나 하고 위축되거나 편안한 사람들 앞에서 아주 난폭하고 심하게 화를 내는 사람이 될 수 있습니다."

— 오은영 소아청소년정신과 전문의

학교 적응을 위한 단계별 개선

1)학교 갈 때는 즐겁게 가기

학교 갈 시간이 다 되었는데, 하성이가 꾸물꾸물 늑장을 부린다. 여느 때 같았으면 빨리 가자고 성화를 부렸을 엄마가 이제는 하성이에게 약속을 한다.

"오늘은 한 시간만 수업 받고 오는 거야. 교실에 들어가서 한 시간만 딱 수업 받고 나오면, 엄마가 선생님한테 말해서 집에 데리고 올게. 약속 지킬 수 있지?"

수업 받을 시간을 미리 지정해주자 하성이가 어떤 실랑이도 없이 교실에 들어간다. 그동안 진도가 많이 뒤쳐진 하성이를 친구와 선생님이 도와주자 수업에도 흥미를 보인다. 그렇게 엄마와 약속한 한 시간이 지나면 내일은 두 시간, 그 다음날은 세 시간, 이렇게 시간을 조금씩 늘려간다. 그렇게 하다 보면 어느새 엄마 없이도 학교에 가 수업을 받는 아이를 볼 수 있을 것이다.

2) 격려와 칭찬으로 보상하기

한 시간의 수업이 끝나고 아이가 복도에서 지켜보고 있는 엄마에게 오면 "파이팅! 다음 시간에도 공부 열심히 하고 와!" 하고 든든하게 격려를 해준다. 엄마의 격려와 칭찬에 힘입은 아이는 더욱더 적극적으로 수업에 참여할 것이다. 또한 선생님도 아이의 이런 작은 변화를 그냥 지나치지 않고 칭찬해준다면 하성이의 자신감은 더욱 높아질 것이다.

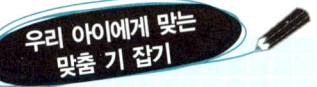

아이에게 믿음을 주는 훈육

하성이가 여느 때처럼 수업 중인 교실에서 난동을 부리기 시작한다. 이럴 때는 일단 아이를 진정시키는 것이 우선이다. 엄마는 아이에게 너무 많은 말을 하지 않고 꼭 안아주기만 한다. 아이가 불안해하고 있을 때 엄마가 계속 뭐라고 말을 하면 아이는 진정이 안 된다. 그런데 좀 진정이 되는가 싶더니 이번엔 하성이가 신발을 들고 집에 가자며 엄마를 위협한다. 이때 역시 엄마는 아이와 자꾸 실랑이를 할 게 아니라 실랑이 대신 "엄마는 집에 안 가고, 복도에 서서 너를 지켜보고 있을 거야"라고 아이에게 자세하게 설명을 해준다.

어린이집, 학교 생활이
너무 힘든 우리 아이

그러나 그동안 엄마와 아빠에 대한 불신이 깊게 쌓였던 탓인지 하성이가 좀처럼 엄마 말을 믿으려고 하지 않는다. 이럴 때도 무조건 아이에게 믿으라고 강요를 할 게 아니라, "지난번에 엄마가 진짜 그랬어? 정말 미안해. 근데 오늘은 진짜야. 약속할게"라고 아이의 마음을 공감해주고 다시 한 번 눈을 마주치고 약속한다. 그러자 거짓말처럼 아이가 안정을 찾고 교실로 들어간다. 오늘의 즐거웠던 경험이 더 나은 개선의 밑거름이 될 것이다.

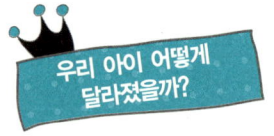

하성이의 가족과 전문가, 그리고 담임 선생님의 노력으로 하성이의 학교 적응 프로그램이 진행되었다. 솔루션 기간이 지난 후 하성이는 어떻게 달라졌을까? 이른 아침 하성이네 집을 다시 찾았다. 그런데 예전 같았으면 이불 속에서 일어나지도 않고 무조건 "학교 안 가, 안 가"를 외쳤을 하성이가 스스로 책가방을 챙기며 등교 준비를 하고 있었다. 아직은 엄마와 함께 등교를 했지만, 교문 앞에 도착하자 하성이 혼자서 씩씩하게 교문 안으로 들어간다. 수업 시간에도 자리를 뜨지 않고 열심히 수업을 듣는데, 체육 수업이 끝난 후에는 선생님을 도와 뒷정리까지 깔끔하게 한다. 이제 하성이는 더 이상 학교가 두렵지 않다.

엄마 없이는 어린이집, 학원, 어디에도 안 가요

징그럽게 엄마를 잡고 늘어지는 껌딱지 남매

준성이와 준희는 잠시도 엄마 곁에서 떨어지지 않는 껌딱지 남매다. 특히 밖에 나갈 때는 세 사람이 혼연일체가 되어 완벽한 한 덩어리로 움직였는데, 한두 사람이 겨우 지나다닐 수 있는 좁은 계단조차 셋이서 함께 올라가려고 애쓸 때는 코미디의 한 장면처럼 웃음이 나기도 했다. 하지만 내년이면 학교에 들어가야 하는 준성이가 엄마 없이는 유치원은 물론 태권도 학원조차 가지 않고 엄마 옆에만 붙어 있으려고 해서 큰 문제다. 실제로 유치원은 몇 달 전부터 가기로 해놓고 못 가고 있는 상황이고, 태권도 학원도 집에서 나올 때는 분명히 씩씩하게 들어가겠다고 약속해놓고도 막상 학원 앞에

도착하면 엄마를 먼저 밀어넣고 나서야 자신도 안심하고 학원에 들어갔다. 그런데 엄마가 잠깐 화장실에 간 사이 일이 터졌다. 엄마가 사라진 것을 안 준성이가 오매불망 엄마를 찾으며 우는 탓에 태권도 수업이 올스톱이 되어버린 것이다. 화장실에 갔다온 엄마가 아무리 준성이를 진정시켜도, 수업은커녕 행여 또 엄마가 자리를 비울까 그날 준성이는 내내 엄마 옆에 붙어 있기만 했는데 집에 오자 이번에는 준희가 엄마 옆에 그림자처럼 달라붙었다. 집 앞에 음식물 쓰레기를 버리러 갈 때도 영영 못 볼 이산가족처럼 안 떨어지겠다고 통곡을 하더니 부랴부랴 들어온 엄마를 다시 놓칠까 그때부터는 더 엄마에 대한 감시를 소홀히 하지 않았다. 심지어 응가를 할 때조차 화장실 문을 닫는 법이 없었는데 엄마의 고충은 아빠가 와도 계속되었다. 잠잘 준비를 하고 방으로 들어오는 아빠를 보자 준성이의 표정이 심상치가 않다. 엄마가 불을 끄러 일어서는 것조차 못하게 막더니 "아빠 미워! 아빠 저리 가!" 급기야 아빠를 밀어낸다. 결국 오늘 밤도 아빠는 안방과 엄마를 모두 독차지한 준성이 때문에 홀로 거실에 나가 잘 수밖에 없었는데 한 명도 아니고 남매가 하루 종일 엄마 곁에서 안 떨어지고 붙어 다니려는 이유가 대체 무엇일까?

엄마 분리불안

준성이와 준희는 엄마하고 단 1분 1초도 떨어지기 어려워하는 분리불안이다. 분리불안이라는 것은 성장 과정에서 누구나 한 번쯤은 지나가는 자연스러운 과정 중 하나이다. 그런데 준성이와 준희는 정상적인 생활을 방해하고 있기 때문에 '분리불안 장애'라고까지 할 수 있다. 그런데 문제는 준성이 엄마 역시 '엄마 분리불안'이라는 것이다.

> "아이들도 엄마와 떨어지기 어려워하지만, 엄마 자신도 아이들하고 떨어지는 것을 굉장히 어려워합니다. 때문에 엄마가 끊임없이 아이들을 잡아당기고 있다고도 이야기합니다."
>
> — 오은영 소아청소년정신과 전문의

실제로 치료를 받으러 간 병원에서 준성이와 준희가 치료실에 들어가야 하는 엄마를 놔주지 않자 처음엔 단호하게 안 된다고 하던 엄마가 아이들이 울려고 하자 먼저 아이들을 데리고 치료실에 들어간다. 뿐만 아니라 아이들과 떨어져 있게 되면 엄마는 잠시도 손에서 휴대전화를 놓지 않고 틈나는 대로 전화를 걸어 아이들의 상태를 확인했는데, 이러면 아이들은 불안을 극복할 기회를 얻지 못한다. 불안도 학습되지만 불안을 소화시키는 것 역시 학습된다. 불안을 소화해내는 것을 배우지 못하니 아이들은 점점 더 불안에 취약해질 수밖에 없게 되는 것이다.

언제나 짜증이 가득한 엄마, 일방적이고 지시적인 아빠

엄마는 불안이 많은 아이들에게 절대 하지 말아야 할 행동들만 골

라서 하고 있었다. 아이들이 엄마의 손을 잡으려고 할 때마다 엄마
는 신경질적으로 손을 뿌리쳤다. 뿐만 아니라 엄마의 표정엔 언제
나 짜증이 가득했는데, 유치원에 들어갈 때도 엄마는 어떻게든 아
이를 유치원에 들여 보내야 한다는 생각에 막무가내로 밀어넣기 급
급했다. 이런 엄마의 태도는 아이들을 더욱 불안하게 했다.

　한편 아빠는 아이들에게 일방적이고 지시적이었다. 어떤 설명도
없이 "안 돼!", "하지 마"와 같은 금지 단어를 많이 사용하고 있었는
데, 퇴근 후 컴퓨터 하는 시간이 많은 아빠는 준성이가 칼싸움을 하
며 같이 놀자고 하는데도 자꾸 안 된다는 말만 되풀이했다. 결국 혼
자 놀던 준성이가 화분을 엎는 대형 사고를 치자 아빠는 아이와 놀
아주지 않은 자신의 행동은 까맣게 잊고 준성이의 잘못만 지적했
다. 이렇다 보니 준성이와 아빠 사이는 늘 어렵고 불편할 수밖에 없
었다.

엄마와 아이들의 불안감 낮추기

분리불안은 말 그대로 '불안' 이다. 분리에 앞서 준성이와 준희는 무
엇보다 불안을 낮추는 기초 공사가 필요하다.

> **불안을 낮추는 놀이**
> ① 사랑의 보물 찾기: 집 안에서 할 수 있는 간단한 놀이로 부모와의 스킨
> 　　　　　　　　십을 적은 쪽지를 숨겼다가 아이들이 쪽지를 찾으면
> 　　　　　　　　무한 스킨십을 해준다. 이런 놀이를 통해 아이들은

아이들의 분리불안이 심해진 데에는 엄마의 영향이 컸다. 보통 사람에 비해 불안이 높았던 엄마는 아이들에게 엄마의 불안을 그대로 학습시키는 결과를 낳았는데, 엄마의 불안이 낮아야 아이들도 편안해질 수 있다. 집에서도 할 수 있는 간단한 요가 동작이나 기체조 동작을 통해 심리적인 안정감과 몸의 활력을 찾는다면, 훨씬 더 안정되고 편안한 생활을 할 수 있을 것이다.

지금까지 해오던 대화법을 모두 거꾸로 하기

불안감이 어느 정도 해소가 되었다면 이제 단계적으로 분리 연습에 들어갈 차례다. 아이가 태권도 학원에 가기 싫다고 할 때도 엄마는 아이를 먼저 밀어넣고, 아이가 울면 그제야 같이 따라 들어가는 방법을 썼다. 하지만 준성이처럼 불안이 높은 아이들은 한 번 불안이 높아지면 좀처럼 낮추기가 어렵기 때문에 아이를 떼어내려 애쓰기보다 미리 엄마의 행동을 예측할 수 있게 고지해주는 것이 좋다. 즉, 지금까지 엄마가 썼던 방법을 모조리 거꾸로 해야 한다.

엄마가 옆에 있을 거라는 안도감 때문인지 준성이가 계단도 한 걸음에 올라가더니 그토록 넘기 힘들었던 문턱도 단숨에 넘는다. 또 약속대로 엄마가 먼저 태권도장 안에 있는 의자에 가서 앉자 누구보다 적극적으로 운동에 임한다.

	Before	After
계단 입구	엄마도 들어갈 테니까 여기서 저기까지만 가!	엄마랑 태권도장 입구까지 손 꼭 잡고 가는 거야.
태권도장 입구	먼저 들어가! 엄마도 따라 들어갈게!	여기서는 엄마랑 새끼손가락 걸고 들어가자.
태권도장 안	엄마가 올 때마다 여기 앉아 있어야 돼.	의자에 꼭 앉아 있을 거야. 엄마는 절대 어디 안 가.

그런데 그때 엄마가 갑자기 준성이를 불러 티셔츠를 바지 속에 넣어주었다. 이는 명백히 잘못된 행동이다. 운동의 흐름이 끊기기도 하지만, 엄마가 아이의 행동에 개입을 많이 하면 할수록 아이는 자꾸만 위축이 된다. 직접 도와주기보다 곁에서 지켜봐주는 것이 최고의 응원이라는 사실을 잊지 말아야 한다.

우리 아이에게 맞는
맞춤 기 잡기

단계적으로 어린이집 적응하기

다시 어린이집 적응을 시작하기로 한 날 "안 가! 안 가! 유치원까지 안아줘!" 준성이가 갑자기 안 하던 억지를 부리기 시작했다. 이런 행동은 엄마에 대한 믿음이 부족할 때 나타날 수 있는데, '우리 엄마 이러다 또 변하지 않을까?' 하며 엄마를 시험해 보는 것이다. 이럴 때는 무조건 안 된다고 강압적으로 나가기보다 "그럼, 엄마가 안고 문 앞까지 갔다가 열 번 걸으면 또 안고, 그런 식으로 하자" 이런 방법으로 아이와 조율하는 것이 좋다. 이때 돌아올 때는 반드시 혼자 걸어오는 거라고 아이가 할 수 있는 행동에 대해서 약속을 받는 것이 중요하다. 유치원에 들어갈 때도 항상 엄마가 지켜보고 있을 것이라는 믿음을 준다. 그리고 아이를 지켜볼 때 손도 흔들어주고, 아이가 쳐다보면 '엄마가 너를 보고 있어' 라고 말하는 등 끊임없이 상호작용을 한다. 그러다 유치원이라는 공간에 어느 정도 익숙해지면 스스로 친구들에게 인사를 하러 들어갈 수 있게 아이에게 자율성을 준다.

엄마 옷이 다 늘어날 때까지 붙잡고 놓지 않던 준성이와 준희, 과연 어떻게 달라졌을까? 이른 아침부터 어딜 가기에 준성이가 엄마를 향해 파이팅까지 외치나 했더니 준성이와 준희가 나란히 유치원에 간다. 아직은 쑥스럽지만 준성이가 혼자서 당당히 교실로 들어가 엄마가 곁에 없는데도 수업에 잘 집중하고 선생님과 나란히 앉아 노래까지 부른다. 무엇보다 큰 변화는 늦은 밤, 아빠가 준성이 옆에 와서 눕는데도 아무렇지도 않아졌다는 사실이다. 예전 같았으면 발길질을 하며 곁에 오지도 못하게 했을 준성이가 이제는 아빠 볼에 뽀뽀까지 거침없다. "기다려줄게", "엄마가 보고 있어", "늘 함께할게" 이런 말이야 말로 아이들에게 최고의 응원이라는 것을 엄마와 아빠는 절실히 깨달았다.

어린이집에서
말을 안 해요

말을 안 하는 아이

곧 초등학교 입학을 앞두고 있는 8살 현성이는 장애가 있는 것도 아닌데 말을 하지 않는다. 우유를 사오라고 심부름을 시키면 스케치북에 '우유 주세요'라고 써서 가고, 일부러 현성이 혼자 집에 있을 때 전화를 걸면 전화를 받고도 아무 말도 하지 않는다. 이렇다 보니 현성이는 친구도 없다. 유일하게 있는 친구가 한 동네에 사는 송재인데, 7년째 친구 사이지만 송재는 지금껏 단 한 번도 현성이의 목소리를 들어본 적이 없다. 놀러온 지 얼마 되지 않아 송재가 금세 집으로 가려고 일어선다. 송재가 뭘 물어봐도 고개만 끄덕일 뿐 아무 말도 하지 않다 보니 현성이와 노는 게 재미있을 리가 없다. 보기 안타까운 엄마가 현성이를 붙잡고 억지로 송재와의 놀이를 유도해 보는데, 엄마의 속 타는 마음을 아는지 모르는지 현성이가 되레 엄마의 입에 과자를 집어넣으며 입을 막아버린다. 집에서도 이러니 어린이집에 가서도 말을 할 리가 없다. 5살 때부터 다니고 있는 어린이집에서 현성이는 이미 '말 못하는 애'로 소문이 자자했는데, 화장실에 가고 싶어도 말 대신 바지만 잡고 폴짝폴짝 뛰다가 바지에 실례를 한 적도 있다.

이제 곧 두 달 후면 초등학교 1학년이 될 텐데 초등학교 교실에서도 이런 상황이 벌어진다면 분명 현성이에게 학교는 가기 싫은 장소가 될 것이 뻔하다. 그러면 당연히 공부도 싫어지고 외톨이가 될 수밖에 없을텐데 현성이는 왜 말을 하지 않는 걸까?

관찰 도중 놀라운 장면이 포착되었다. 제작진이 카메라를 설치하고 잠깐 옆방으로 간 사이 현성이가 재잘재잘 할머니, 할아버지와 이야기를 나누는 것이었다. 심지어 할머니가 동화책을 읽어주자 잘못 읽은 부분을 콕 찍어 지적하기까지 했는데 제작진이 다시 방으로 들어오자 또다시 입을 닫아버렸다. 가족이 아닌 사람하고 있으면 말문을 닫고 대화를 거부하는 현성이, 도대체 무엇이 문제일까?

선택적 함구증

현성이는 부끄러움이 많은 아이다. 어떤 문제가 발생했을 때 당황스럽고 창피할까 봐 아예 입을 닫고 반응을 안 하는 것으로 모면하려고 한다. 그렇다면 가족이 아닌 다른 사람을 보고 얼마나 긴장을 하는지 심박수를 체크해 보기로 했다. 엄마와 단 둘이 놀고 있을 때 현성이의 심박수는 보통 아이들과 같은 102~106 정도였다. 그런데 그때 엄마가 잠깐 자리를 비운 사이 낯선 사람이 현성이 곁으로 다가오자, 비교적 순해 보이는 여자 스태프가 다가갔는데도 심박수가 걷잡을 수 없이 올라갔다. 그러자 현성이는 아예 자는 척 눈을 감아 버렸다.

현성이는 소수의 사람을 제외하고는 말을 하지 않는 선택적 함구증이다. 그러나 불안이 높다고 해서 모두 선택적 함구를 하는 것은 아니다. 떼를 부리거나 반항을 할 수도 있는데, 유전적으로 타고나기를 부끄러움이 많고 소극적이어서 외부의 조그만 자극에도 아주 큰 영향을 받는 아이들이 선택적 함구 증상을 보인다. 현성이의 아빠 역시 어린 시절 한동안 말을 하지 않았다고 했다. 심지어 초등학교 6학년이 될 때까지 말을 안 해 주변 사람들을 꽤나 답답하게 했다는데, 현성이는 부모의 기질을 그대로 닮은 일반적인 선택적 함구증의 사례였다.

그런데 선택적 함구증이 있는 아이들에게는 절대로 해서는 안 될 행동들이 있는데, 현성이 가족의 행동을 보면 '절대로 해서는 안 될 행동'들의 종합 선물 세트였다.

가족들이 절대로 해서는 안 될 행동

선택적 함구증인 아이들은 말을 안 하는 것이 아니라 말을 하고 싶어도 못하는 것이다. 말하는 게 너무 부끄럽고 창피하기 때문인데,

우리 아이가
달라졌어요

가족들은 이런 아이에게 자꾸 말을 하라고 강요했다. 놀이를 해도 술래가 되면 무조건 '무궁화 꽃이 피었습니다'를 외쳐야 하는 놀이만 골라서 했다.

> "자꾸 '말해야지. 너 말 못해? 말해야 되잖아!'라고 강요하는 것은 가뜩이나 긴장이 높아진 아이에게 더 긴장을 부여하는 꼴입니다. 그렇기 때문에 아이는 더 말을 할 수가 없는 거죠."
>
> **– 오은영 소아청소년정신과 전문의**

제대로 된 감정표현이 없는 집

아이들은 불안이나 어떤 불편한 감정을 표현해 해결하는 방법을 집안 가족들에게 배운다. 그런데 현재 현성이는 집에서 제대로 된 감정표현의 방식을 전혀 배우지 못했다. 엄마와 아빠는 아이 앞에서 감정 교류가 거의 없었고, 할머니는 상대한테 상처를 주는 부정적인 말들을 많이 썼다. 이런 방법은 소극적인 현성이가 받아들이기에는 너무 버겁고 나빴다. 또한, 가족들이 함께 있을 때 나누는 대화를 살펴보면 어른들끼리의 대화는 하나도 없고 모두 현성이를 향한 말들뿐이었다.

> "가장 가까운 부모가 희로애락을 전혀 표현하지 않으니까 아이는 기쁠 때 어떻게 표현을 해야 되는지, 화가 났을 때는 어떤 식으로 표현을 해야 되는지 이런 것들을 전혀 배우지 못하는 겁니

다. 타인과의 관계에서 이런 감정이 생길 때 그저 말을 안 하는 것으로 회피하거나 사람들이 없는 곳으로 피해버리는 일시적인 단절로 밖에는 표현할 수가 없는 거죠."

– 오은영 소아청소년정신과 전문의

감정표현 연습

대화가 없는 가족에게서 현성이는 감정표현하는 방법을 배우지 못했기 때문에 불편한 감정이 들면 바로 입을 닫아버리곤 했다. 지금 아이에게 가장 필요한 것은 가족들의 대화다. 화가 났을 때 화가 났다고 표현할 줄 알고, 기분이 좋을 때 기분이 좋다고 표현하는 감정표현이 아이를 달라지게 할 것이다.

불안감 해소 놀이

현성이처럼 타고난 성향과 기질이 내성적이고 부끄러움이 많은데다 작은 자극에도 쉽게 긴장이 되는 아이들은 불안감을 해소해주는 놀이를 통해 마음을 편하게 해줄 수 있다. 뒷사람을 믿고 뒤로 넘어지는 놀이는 아이에게 가족들에 대한 신뢰감을 높여 불안감을 낮추는 데 효과적이다.

말 못하는 아이라는 인식 없애기

주변 사람들이 '얘는 말을 못하는 아이야' 라고 낙인을 찍어버리면

우리 아이가
달라졌어요

아이는 더 말하기가 어렵다. 아이가 말을 잘하는 모습을 비디오로 찍어서 어린이집 친구들에게 보여준 후, 아이가 원래 말을 잘하는 아이라는 인식을 친구들에게 심어준다. 그러면 현성이는 더 편안하게 말을 할 수 있을 것이다. 또한 한꺼번에 많은 아이들과 대화를 시도하는 것보다 한 명씩 일대일로 만나서 대화를 시도하는 것이 좋다. 한 번 입을 열면 두 번째, 세 번째는 더욱 쉬워지기 때문이다.

미리 초등학교에 가 보기

현성이처럼 부끄러움이 많고 말을 잘 안 하는 아이들은 자기가 배정된 학교에 미리 가 보는 것이 좋다. 이런 과정을 통해 아이는 등굣길을 아주 오랫동안 알던 편안한 곳으로 여겨 학교에 적응하는 게 훨씬 수월해진다. 또한 소극적인 아이에게 "적극적이 되어야지!"라고 자꾸 말로 야단을 치게 되면 오히려 악영향을 미친다. 자신감을 키우는 체험 등을 통해 자연스럽게 부끄러움을 많이 타는 성격을 개선시킨다.

우리 아이에게 맞는 맞춤 기 잡기

마음 대변인 되기

아이가 말을 하려고 해도 '이 말이 맞을까? 이렇게 표현하는 게 맞을까?' 하는 불안한 생각 때문에 더 말을 못 할 수가 있다. 이럴 때는 아이 뒤에 서서 아이의 마음을 대신 표현해주는 것이 좋다. 그러면 아이는 그것을 모델링 삼아서 연습을 할 수 있는데, 예를 들어

친구들과 함께 있을 때 엄마가 아이를 데리고 가서 "너희들 뭐하니? 와, 재밌겠다. 얘는 현성인데, 이거 진짜 좋아하거든. 같이 놀아도 될까?" 친구 관계의 문을 터준다. 그러면 아이들 중 한 명이 "네" 그럴 것이다. 그때 아이를 놀이에 참여시킨다. 이때도 아이 뒤에 붙어서 아이의 현재 마음 상태를 대신 표현해준다. "현성이도 이거 하니까 진짜 재미있대. 기분 좋대." 이러면 친구들과 자연스럽게 어울릴 수 있고 아이가 말하는 방법도 배울 수 있다.

우리 아이 어떻게
달라졌을까?

며칠 후, 현성이네 집을 다시 찾았을 때 심부름을 시키면 말 대신 스케치북에 글씨를 써서 필요한 것을 달라고 했던 현성이가 당당하게 슈퍼로 향하고 있었다. 그런데 주인 아줌마가 "현성이 뭐 줄까?" 한 마디를 하자 또다시 머뭇머뭇 대답이 없다. 이대로 실패하는 것인가 걱정이 드는 순간 "우유 주세요" 작지만 또박또박 분명한 목소리로 말을 했다. 자신의 이런 모습이 스스로도 기특한지 뒤돌아서 자신만만한 표정을 짓기까지 했다. 이제 어린이집에서 현성이가 가장 좋아하는 놀이는 '장구-구두-두더지' 친구들과 하는 끝말잇기 게임이 됐다. 친구들한테 먼저 말을 거는 것도 예삿일이 되었는데 친구들도 인정한 달변가 현성이, 더 이상 말하는 것이 두렵지 않다.

갑자기
유치원에
안 가겠대요

사생결단 유치원 거부 사태

한 달 전까지만 해도 아무 문제없이 유치원에 잘 다니던 기효가 하루아침에 유치원에 안 가겠다고 떼를 쓰기 시작했다. 유치원을 거부하는 이유도 가지각색인데, 오늘 아침은 멀쩡한 눈을 제 손으로 찔러놓고 아프다며 집에서 쉬어야겠단다. 그때 마침 간호사로 일하는 엄마가 밤 근무를 마치고 퇴근해서 들어왔는데 엄마를 보자 웬일로 유치원에 가겠다고 나선다. 그러나 집 앞에 나가서는 또 유치원 차를 놓쳤다는 핑계로 유치원 가기를 거부했다. 결국 오늘도 유치원 등원은 물 건너 간 일이 되고 말았다. 다음 날은 엄마가 새벽 출근을 하는 날이라 할머니가 기효의 유치원 등원을 맡았는데 아침

어린이집, 학교 생활이
너무 힘든 우리 아이

부터 "할머니 같은 거 필요 없어. 할머니 집에 나가서 살라고. 유치원 안 가고 그냥 엄마랑 놀이동산 갈 거야" 괜한 짜증을 부리더니 결국 또 유치원 갈 시간을 놓치고 말았다. 그러더니 유치원에 잘 갔는지 확인 전화를 한 엄마한테 다짜고짜 집으로 오라고 불호령을 내린다. 엄마가 일 때문에 전화를 오래 못하고 끊자 이번엔 할아버지와 할머니를 들들 볶으며 "다시 엄마한테 전화해, 엄마 오라 그래" 짜증 퍼레이드를 벌이는데 급기야 엄마한테 다시 전화를 걸지 않는다며 할머니의 멱살을 잡기까지 했다. 다음 날에는 3일 연속으로 유치원에 안 가는 게 눈치가 보였던지 "엄마가 수업 끝날 때까지 복도에 있어줘" 엄마에게 타협안을 내놓는다. 그런데 밖에 서 있으라고 할 때는 언제고 막상 엄마랑 유치원에 오니까 기효가 또다시 엄마를 교실로 끌고 들어간다. 이러면 다른 친구들도 엄마가 보고 싶어져서 안 된다고 아무리 설명을 해도 "나는 아직 유치원 갈 나이가 아니고, 아직 엄마한테서 사랑을 더 받고 더 키워져야 돼"라며 생떼를 부린다. 하는 수 없이 엄마는 기효 옆에 앉아서 함께 수업을 들을 수밖에 없었는데, 대체 기효는 무엇이 문제인 걸까?

급성 스트레스 반응을 보이는 아이

일상을 관찰하던 중 기효는 제작진에게 뜻밖의 말을 털어놓았다. "동생이 있었는데 하늘나라 갔어요. 근데 그 동생이 천사로 변신했나 봐요." 맞벌이하는 부모님을 대신해 친할머니가 기효를 양육하다가 5개월 전, 동생이 태어나면서 기효는 다시 엄마와 살게 되었다. 그런데 안타깝게도 동생은 생후 4개월 만에 심장병으로 세상을 떠나고 말았다. 아직까지 동생의 이름을 기억하고 있을 정도로 기효는 동생을 예뻐했는데, 그런 동생이 세상을 떠나자 갑자기 유치원을 거부하기 시작했다. 동생의 죽음과 기효의 유치원 거부는 어떤 상관이 있는 걸까?

"기효는 급성 스트레스 장애 증상을 보이고 있습니다. 급성 스트레스 장애란 생명이나 안전에 중대한 위협이 될 만한 사건으로 인해 정신적·신체적 후유증을 겪는 상태를 말합니다. 기효는 동생의 죽음을 목격한 충격적인 사건으로 인해 갑작스럽게 불안과 공포가 확 높아졌다고 볼 수 있습니다."

– 오은영 소아청소년정신과 전문의

아이가 받은 충격은 엄청났다. 평소에도 엄마는 컴퓨터에 저장되어 있는 기효 동생의 사진을 종종 열어 보았는데 자신마저 아이를 잊어버리면 아무도 이 아이를 기억해줄 것 같지 않아 엄마는 자꾸만 사진을 보고 또 본다고 했다. 엄마는 기효도 동생을 오랫동안 기억해주길 바랐다. 이런 마음에 동생이 입관하는 것부터 화장하는 것까지 기효에게 모든 것을 보여주었다. 하지만 기효가 동생을 잊지 말아주길 바라는 엄마의 마음이 기효에게 어떤 충격을 주었는지 엄마는 상상할 수도 없었다.

"5세 된 아이는 죽음이라는 것 자체를 제대로 이해하지 못합니

어린이집, 학교 생활이
너무 힘든 우리 아이

다. 입관하거나 염하는 장면을 봤을 때 그 충격은 이루 말할 수 없습니다. '이게 도대체 뭐지?' 아이는 아마 극도로 무서웠을 겁니다. 하지만 더 중요한 문제는 아이가 얼마나 불안해하는지 엄마와 아빠가 전혀 모르고 있었다는 것입니다."

— 오은영 소아청소년정신과 전문의

사실 가족의 죽음은 어른들도 받아들이기 힘든 일이다. 아직 어린 기효에게 동생의 마지막 모습을 보여준 것은 잘못된 판단이었다. 동생처럼 엄마와 나도 어느 날 갑자기 서로 헤어져서 하늘나라로 갈지도 모른다는 두려움 때문에 기효는 유치원에 가는 것을 거부하고 '엄마와 떨어지지 않겠다', '나를 보호해달라' 요구를 하고 있었던 것이다.

그런데 정서적 교감을 못하고 논리적 소통만을 하는 엄마는 기효가 죽음을 언급할 때마다 아이가 두려워하고 있다는 핵심을 다루지 않고 아이와 다루지 말아야 할 주제로 옥신각신 말씨름을 하는 등 실랑이를 벌일 때가 많았다.

기효: 효주(동생)는 어떻게 하늘나라 갔는데?
엄마: 효주는 하나님이랑 일찍 만나기로 약속이 돼 있었던 거야. 우리가 그걸 몰랐던 거지.
기효: 그러면 나도 죽을래. 나도 죽게 만들어줘.
엄마: 기효는 지금 아프지가 않아.
기효: 나 막 때려. 아프게 때리라고. 죽게!

엄마: 엄마 데리고 하늘나라 가려고 하지 마. 엄마는 기
효가 이렇게 하면 하늘나라 가서도 보기 싫으니까.

그런데 아빠는 아이가 무엇을 두려워하고 울부짖고 있는지조차 알지 못했다. 회사 일에 바쁜 아빠는 집에 있는 날이 거의 없었는데, 이렇다 보니 아이는 "아빠가 세상에 없었으면 좋겠어. 엄마랑 기효, 아기만 있었으면 좋겠어. 그게 기효는 행복한 거야"라고 말할 정도로 좀처럼 아빠를 가족으로 받아들이지 못했다. 아빠와 아이 사이의 갈등의 골은 너무도 깊어 보였다.

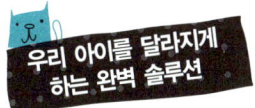

충분히 감정을 쏟아내라

기효 가족은 이번에 너무 큰일을 겪었다. 가족을 잃은 슬픔, 아픔, 이런 감정들을 충분히 쏟아낼 기회가 필요하다. 겉으로 의연한 척하면 상처가 더 곪는 법이다. 울고불고 통곡하고 '아이가 너무 보고 싶다' 서로 이야기하면서 그 감정을 흘려보내고 새로운 삶을 맞이할 준비를 해야 한다.

아이에게도 동생의 죽음에 대해서 다시 설명해줘야 한다. 하늘나라는 어느 날 끌려가는 무서운 곳이 아니라 너무너무 아파서 동생이 떠난 것이고, 우리는 건강하고 행복하니까 걱정하지 않아도 괜찮다고 아이를 안심시킨다.

아이와 정서적으로 소통하기

가족이 본격적으로 함께 살기 시작한 지 이제 겨우 한 달 남짓밖에 안 되었다. 엄마와 아빠는 아이와 충분히 시간을 보내야 한다. 그리고 아이와 정서적으로 소통하는 방법을 배워야 한다. 기효가 원하는 것의 리스트를 만들어 하나하나 들어준다면 기효 마음속에 자리 잡은 두려움은 금방 사라질 것이다. 또 아빠는 아빠의 역할을 되찾아야 한다. 어린아이일수록 자신과 시간을 많이 보내고 많이 놀아준 사람과 관계가 돈독해진다는 사실을 잊지 말자.

엄마의 대용물 만들기

아이가 유치원에 가는 것을 힘들어하면 차라리 며칠은 보내지 않는 게 좋다. 그동안 아이에게 엄마가 곁에 없을 때도 항상 엄마라고 느낄 수 있는 엄마의 사진이 담긴 목걸이를 만들어준다. 또 엄마의 근무표를 보고 들쑥날쑥한 근무 일정도 미리 알려주면 엄마가 곁에 없을 거라는 두려움이 금방 해소될 것이다.

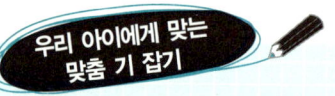

엄마가 불안하면 아이도 불안하다

엄마가 만들어준 목걸이를 목에 걸고 기효가 유치원에 가려고 집을 나선다. 그런데 잘 나오는가 싶더니 또다시 투정을 부리며 엄마한테 달라붙는다. 이럴 때 엄마는 주저하며 망설이지 말고 단호하게 아이한테서 물러서야 한다. 아이의 감정은 충분히 수용하되, 보내는 순간에는 단호해져야 한다. 그리고 물러설 때는 반드시 엄마가 몇 시까지 데리러 갈 거라는 약속을 한다. 엄마가 불안해하면 아이도 똑같이 불안해한다는 것을 잊지 말자.

동생의 죽음이라는 충격적인 사건을 접한 이후 유치원에 가기를 거부했던 기효, 과연 어떻게 달라졌을까? 이른 아침 기효가 유치원에 갈 준비를 하고 있다. 옥신각신 말싸움 대신 엄마가 기효를 꼭 안아주고 엉덩이도 토닥토닥해주자 엄마한테 매달리지 않고 스스로 유치원 차에 오른다. 예전엔 엄마가 있어야만 들어왔던 교실도 혼자서 들어가는 것은 물론 엄마 한번 찾지 않고 수업도 잘 듣는다. 선생님이 심부름을 보내자 심부름도 척척, 모범생이 다 되었다. 어느새 집에 갈 시간이 되자 약속한 시간에 맞춰 엄마가 기효를 데리러 왔다. 다정하게 노래를 부르며 집으로 가는 기효와 엄마를 보사 기효네 십에 더 이상 아픔은 없을 거라는 확신이 들었다.

한시도
가만히 있지를 않아요

집에서도 학교에서도 문제아

아이를 둔 대한민국의 부모라면 누구나 바라는 점이 있다. 공부 열심히 하고 친구들과 싸우지 않고 사이좋게 지내기! 그러나 아홉 살 태성이는 이 두 가지가 다 문제인 '문제아'다. 공부하자는 말만 꺼내도 땅이 꺼져라 한숨을 쉬고 "공부를 안 할 수도 없고. 이거 누가 만든 거야, 도대체?" 내내 푸념만 늘어놓는다. 그러더니 책상 앞에 앉은 지 5분도 안 돼 슬금슬금 소파로 가 드러눕는다. 엄마가 다시 책상 앞으로 끌어다 앉혀도 계속 도망가기만을 반복하는데 결국 화장실에 간다는 핑계를 대고 아예 자리를 비워버렸다. 보다 못한 아빠가 나서자, "상관하지 마. 아빠 거나 해!" 눈에 쌍심지를 켜고 아빠를 노려본다.

그렇다면 학교에 가서는 공부를 좀 할까? 수업 중인데 태성이가 옆 친구에게 시끄럽게 장난을 친다. 선생님한테 지적을 받으면서도 계속 딴짓을 하더니 쉬는 시간이 되자 아예 대놓고 친구를 놀린다. 그 바람에 친구와 싸움이 벌어지고 말았는데, 태성이가 먼저 친구를 놀려 싸움이 벌어진 건데도 되레 더 성질을 내며 죽기 살기로 친구한테 덤빈다. 결국 제작진이 촬영을 중단하고 아이들을 말릴 수밖에 없었다. 그런데 학교에서 돌아온 태성이가 괜한 화풀이를 동생한테 한다. 숙제를 하지도 않을 거면서 동생이 책상을 만졌다고 동생의 머리를 발로 차고 목을 조른다. 엄마가 잠깐 집 앞 가게에 나가자 작정한 듯 동생이 리모컨을 들면 리모컨을 뺏고 컴퓨터를 하려고 하면 컴퓨터를 독차지해버린다. 공부하라고 앉혀놓으면 혼자서 나불나불, 혼이 날 때도 건들건들, 한시도 가만히 있지 않는 초특급 산만보이 태성이, 대체 무엇이 문제일까?

충동성 ADHD에 대한 이해가 부족한 부모

혹시 아이의 머리가 나빠서 공부를 안 하는 것은 아닐까? 태성이의 발달 상태를 알아보기 위해 종합심리평가가 실시되었다. 그런데 놀랍게도 태성이는 잠재 지능을 뜻하는 언어 구사 능력에서 최우수 수준을 보였다. 태성이는 이론적으로는 다 이해를 하지만 그것을 제대로 현장에 적용하지 못하고 있었다.

"태성이는 조절하는 모든 능력이 제로인 상태입니다. 감정 조절, 행동 조절, 말 조절은 물론이고, 인내심 조절도 힘들어서 잠시도 지루한 것을 못 견디는 겁니다. 그래서 1분 1초도 가만히 있질 못하고 입이라도 나불거려야 했던 것이지요. 이는 조절 능력이 제로인 전형적인 충동성 ADHD 아이의 형태입니다. 그러나 부모가 태성이의 행동에 대한 이해가 전혀 없어서 말을 안 듣고 말썽 부리는 아이로만 태성이를 다루고 있기 때문에 아이 마음속에 불평과 불만, 불신이 쌓여 있는 상태입니다."

– 오은영 소아청소년정신과 전문의

아이를 윽박지르는 아빠, 잘못된 폭력 지침을 주는 엄마

태성이가 문제집을 잘 풀었는지 아빠가 검사를 하러 들어왔다. 그런데 문제 확인은 뒷전이고 아빠는 바르지 못한 글씨체부터 탓한다. 그러더니 이번엔 아빠가 말을 하는데 손을 꼼지락거렸다고 태성이를 때린다. 문제를 풀었는지 검사하기보다 아빠는 괜한 트집을 잡으며 아이를 윽박지르기만 했는데, 이런 아빠가 무서워 우는 태성이에게 아빠는 "눈 풀어! 앞에 봐!" 계속해서 거칠게 명령만 내렸다. 결국 전달하고자 하는 내용은 하나도 전달이 안 되고 부모가 나를 미워한다는 앙심, 불만, 억울함, 피해 의식만 아이에게 남을 뿐이었다. ADHD든 아니든 모든 아이들은 부모로부터 충동성을 조절하는 능력을 배운다. 그런데 태성이는 이런 능력을 전혀 배울 수 없었다.

동생이 달려와 태성이가 먹던 과자를 탐낸다. 처음엔 말없이 과자 봉지째로 넘겨주던 태성이가 갑자기 왜 자기 과자를 먹었냐며 동생에게 화를 낸다. 그런데 엄마는 "얼굴은 때리지 마. 엉덩이 때려줘" 동생을 때리라는 건지 말라는 건지 태성이를 헷갈리게 한다. 어쨌든 엄마의 때리라는 말에 기세등등해진 태성이가 동생의 멱살을 잡는데, "엉덩이 이런 데에는 때려줘도 돼. 태성이한테 못되게 굴었을 경우에는, 알았지?" 이젠 아예 대놓고 때리라고 허락을 해준다. 뜯어말려야 할 남매의 싸움 상황에 엄마는 태성이에게 폭력에 대한 잘못된 지침을 주고 있었다.

> "문제 행동 아래에 있는 이유와 특성을 잘 알지 못하고 무조건 겉으로 나타나는 아이의 문제 행동만 가지고 말 안 듣는 아이, 문제아로만 생각해 아이를 강압적으로 다루었기 때문에 더 많은 문제를 겪고 있는 겁니다."
>
> — **오은영 소아청소년정신과 전문의**

아이의 특성을 고려하지 않은 부모의 양육 태도로 인해 아이는 대인 관계가 어렵고 학습 능력이 제대로 발휘되지 못한 상태다. 이대로 자라면 사회에 적응하지 못하고 세상에 대한 분하고 억울한 감정을 품고 있는 적대적 반항 아동이 될 가능성이 많다. ADHD는 약물 치료를 필요로 하지만, 절대 그것만으로는 100% 좋아질 수 없다. 아이를 대하는 현재 부모의 패턴을 바꾸지 않는다면 아이는 결코 달라질 수 없다.

모범생 만들기 프로젝트

1) 공부에 동기를 부여하라.

아이의 내면에 동기가 생기게 해준다. 내가 어떠한 사람이 되기 위해서, 어떤 목표를 이루기 위해서 동기를 가지게 되면, 힘든 공부의 과정을 지탱해 나갈 수 있다.

2) 집중력을 키워라.

책상 앞에 오래 앉아 있는다고 집중력이 좋아지는 게 아니다. 실천 가능한 현실적인 목표를 세워 아이에게 성공의 경험을 늘려준다. 스스로 공부하게 하는 비법중 하나로, 10분 단위로 공부 시간을 정해놓고, 10분 동안 공부를 열심히 하면 칭찬 스티커를 붙여 성취감을 느끼게 한다. 30분이 지나면 칭찬 스티커 3장을 붙일 수 있다. 그러자 태성이가 딴짓 한 번 안 하고 군소리 없이 약속한 시간이 지나도록 공부에만 집중했다.

3) 부모와의 관계를 회복하라.

공부를 강요하는 것 외에는 정서적 교류가 부족한 가족이다. 사회성의 첫걸음은 부모와의 관계에서 출발한다. 칭찬보다 "공부 안 하니? 너는 왜 그러니?" 만날 이런 소리만 들었던 아이에게 이제부터는 부모와의 긍정적인 관계를 형성하려고 애써야 한다. 아이의 표정을 밝게 하고 싶다면, 늘 찡그리고 있는 부모의 표정부터 바꿔라.

아이에게 자연스럽게 공부를 유도하는 훈육법

그동안 태성이가 공부를 안 하고 잘못된 행동을 할 때마다 엄마와 아빠는 체벌부터 했다. 그래서 태성이는 아빠가 손만 올려도 움찔하는 모습을 보였는데, 체벌은 아이의 발전에 하나도 도움이 안 된다. 이럴 때는 공부하자는 말보다 뭐가 하고 싶은지 아이에게 먼저 물어보는 것이 좋다. 아이이게 자연스럽게 공부를 유도하는 대화법을 살펴보자.

엄마: 오늘 안에 놀고 싶은 거 있으면 얘기해 봐.

아이: TV도 보고 싶고 게임도 하고 싶어.

엄마: 해야 되는 것도 있다는 거 알고 있지?

아이: 응. 숙제.

엄마: TV는 얼마나 보면 좋을까?

아이: 2시간.

엄마: 숙제는 얼마나 걸릴까?

아이: 20분.

엄마: 20분이면 숙제를 다 할 수 있을까? 숙제를 하고 싶은 시간이 아니고 숙제를 모두 해내는 데 시간이 얼마나 걸릴까?

아이 : 1시간.

이렇게 하면 아이를 억지로 끌고 가 책상 앞에 앉히는 것보다 훨씬 긍정적인 효과를 얻을 수 있다. 그런데 밖에서 놀던 태성이가 집에 들어오자 엄마는 또 아이가 숨도 돌리기 전에 "신 나게 놀았으니까, 신 나게 공부도 한 번 해 볼까?" 공부하자는 말로 아이에게 부담을 준다. 이러면 아이는 공부할 마음이 전혀 생기지 않는다는 것을 명심해야 한다.

사이좋은 친구 만들기

지금까지 태성이는 마음속으로는 친구와 너무나 친하게 지내고 싶은데 친구를 어떻게 하면 잘 사귈 수 있는지 그 방법을 모르고 있었다. 이런 아이에게는 한꺼번에 여러 명의 친구를 초대하지 말고 한 번에 한 명만 초대해서 태성이와 친구가 한 편이 되어서 할 수 있는 놀이를 준비해준다. 그러다 보면 한 명, 두 명 친해지는 친구가 늘어나고 한꺼번에 여러 명의 친구와 어울리는 것도 어렵지 않게 된다.

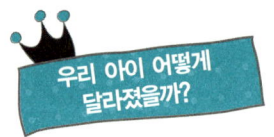

걸핏하면 친구와 싸우고 공부하라고 앉혀놓으면 땅이 꺼져라 한숨만 푹푹 쉬던 태성이. 과연 어떻게 달라졌을까? 다시 찾은 태성이네 집, 태성이가 숙제를 시작하려고 하는데 "30분이면 독후감까지 다 쓸 수 있을 것 같아?" 엄마가 묻자, "아니. 1시간." 누가 다그치지 않아도 스스로 공부 분량을 정해 지루한 공부 시간을 견디고 있었다. 숙제가 끝난 후 태성이가 게임을 하려는데 동생이 자신도 해 보겠다며 게임기를 뺏으려고 했다. 예전 같으면 안 된다고 펄쩍 뛰었을 태성이가 이제는 동생에게 게임기를 넘겨주며 다정히 가르쳐주기까지 한다. 이런 사이좋은 남매의 모습에 엄마와 아빠가 아낌없이 칭찬을 해주자 동생 볼에 찐하게 애정 표현까지 한다. 가족의 노력으로 얻은 기적 같은 변화! 태성이네 집에 찾아온 행복한 온기가 앞으로도 영원하길 바란다.

유치원 가기를 거부해요

8개월 째 유치원을 거부 중인 아이

오늘은 동휘가 그동안 다녔다, 안 다녔다를 반복하던 유치원을 8개월 만에 다시 가는 날이다. 그런데 다른 친구들은 벌써 유치원에 가수업을 듣고 있을 시간에 동휘는 아직도 이불 속에 누워 이 핑계 저핑계를 대며 늑장을 부리고 있다. 유치원에 가기 싫어 일부러 잔꾀를 부리고 있다는 것을 누구보다 잘 알기에 엄마가 오늘부터는 어떤 핑계도 안 통한다는 것을 보여주고자 단호하게 동휘를 끌고 욕실로 들어간다. 그러나 억지로 일으켰다고 동휘가 집안이 떠나가라대성통곡을 하더니 안방으로 들어가 문을 잠가버린다. "문 안 열면엄마 화낸다!" 엄마의 화난 목소리에 바로 문을 열기는 했지만, 전쟁 아닌 전쟁을 치르다 보니 어느새 11시가 훌쩍 넘어버렸다. 더 이상 지체할 수 없는 엄마가 거세게 몸부림치며 반항하는 동휘를 끌고 현관문 밖으로 나오는데, 문을 나서자마자 동휘가 냅다 줄행랑을 친다. 온 동네를 휘젓는 추격전 끝에 겨우 동휘를 잡긴 잡았지만, 결국 오늘도 유치원 등원은 포기할 수밖에 없었다.

유치원에 안 간 동휘가 하루 종일 집에서 하는 일이라고는 소파 위를 뛰어 올랐다 내렸다, 컴퓨터 게임을 했다 말았다, 괜히 엄마한테 달려들어 발길질을 했다 말았다, 한 마디로 빈둥빈둥 시간을 보내는 일뿐이었다. 보다 못한 엄마가 유치원에 안 간 대신 공부라도 좀 시켜볼까 하고 상을 가져오는데, 책을 보자마자 동휘가 자리를 피해버린다. 엄마는 유치원도 안 가고, 공부도 안 하려고 하는 동휘가 이러다 유치원 수업을 아예 못 따라가는 건 아닌지 걱정이 이만저만이 아닌데 다시 동휘를 책상에 끌어다 앉히자 이번엔 멀쩡한 다리가 아프다고 꾀병을 부린다. 유치원 생활을 적응하지 못해 유치원을 거부하는 거라면 이해하겠지만, 놀랍게도 동휘는 유치원에 가면 누구보다 잘 지내는 모범생으로 수업도 열심히 듣고 친구와도 아주 잘 지냈다. 알 수 없는 동휘의 두 얼굴, 대체 문제가 무엇일까?

ADHD 성향 4가지 테스트

"동휘가 유치원 자체를 싫어하는 것은 아닐 가능성이 많습니다. 일상을 자세히 살펴봤더니 동휘가 나이는 어리지만 얼핏 ADHD(주의력결핍 과잉행동장애) 증상을 보이고 있거든요. 정확

어린이집, 학교 생활이
너무 힘든 우리 아이

한 문제 파악을 위해서 지금까지와는 다른 방향에서 세심한 관찰이 필요합니다."

— 오은영 소아청소년정신과 전문의

만약 동휘가 ADHD 주의력결핍 과잉행동장애라면 유치원 자체를 싫어하는 것이 아니라 ADHD 증상 때문에 유치원을 거부하는 것처럼 보일 수 있었다. 그러나 정확한 ADHD 진단은 72개월 이상 되어야만 가능하기 때문에, 65개월인 동휘에게 특별한 상황에서 ADHD 증상을 체크해 보는 시간이 필요했다.

주의력결핍 과잉행동장애 증상 체크하기

①같은 상황에서 전혀 다른 극과 극 반응
ADHD 아동은 지시 수행에 있어서 감정 기복이 크다. 동일한 상황에서도 어떤 때는 잘하고 어떤 때는 전혀 못하는 극과 극의 양상을 보인다.
예) 텔레비전을 30분만 보고 끄기로 약속을 했을 때, 어떤 때는 약속을 잘 지키고 어떤 때는 잘 지키지 못한다.

②청각적 주의집중력 테스트
ADHD 아동은 언어적 지시를 귀담아듣는 청각적 주의집중력이 떨어진다. 그렇기 때문에 간단한 심부름도 제대로 수행해내지 못하는 경우가 많다.
예) 방 한가운데 있는 의자를 피아노 밑으로 옮긴 후, 탁자 위에 있는 접시를 들고 온다. 청각적 주의집중력이 낮은 아이들은 지능이 낮아서가 아니라 지시를 정확하게 듣지 않고 일부분만 듣고 바로 행동으로 옮기기 때문에 정확성이 떨어진다.

③욕구 지연 능력
7세 정도가 되면 10분 정도는 하고 싶은 것을 참아내는 욕구, 즉 참고 인내하는 능력이 조금씩 발달되기 시작한다. 그러나 ADHD 아동들은 참는 능력이 부족하다.

예) 초코 과자를 앞에 두고 먹고 싶어도 10분 동안 참고 기다리게 한다.

④아침 기상의 어려움과 학습 집중력
일상 관찰 내내 동휘는 아침 기상이 어려웠다. 엄마가 아무리 깨워도 매번 일어나지 못해 힘들어했는데, 이는 전형적인 ADHD 증상으로 뇌 활성화가 늦기 때문에 잠 깨는 것이 힘들 수밖에 없다. 또한 공부를 할 때마다 동휘는 갖은 핑계로 책상 앞에 앉는 것을 거부했다. 7살이면 적어도 20분 정도는 집중해서 공부를 하는데 전혀 수행하지 못했다.

아이의 AHDH 증상을 더욱 부추긴 엄마

동휘는 ADHD 증상을 체크하는 4가지에 모두 포함이 되었다. 이 상태가 몇 개월 더 지속이 된다면 동휘는 ADHD 주의력결핍 과잉행동장애 아동에 속하게 될 것이다. 그런데 이런 동휘의 증상을 엄마가 더욱 부추기고 있었다.

> "일명 컨트롤 마더인데 하나부터 열까지 끊임없이 아이를 간섭하고 통제하고 지시하는 유형이거든요. 그럴수록 아이는 더 화가 나니까 더 충동적으로 행동하고 ADHD 양상도 훨씬 더 나빠질 수밖에 없습니다."
>
> — 오은영 소아청소년정신과 전문의

엄마는 자신이 원하는 방식과 원칙이 있는데, 그것을 아이가 지키지 않으면 끊임없이 간섭하고 통제하는 전형적인 컨트롤 마더였다. 컨트롤 마더는 육아 원칙을 세워놓고 그것을 지키려고 하는 대한민국 엄마들이 대표적인 유형이기도 하다. 하지만 자신이 세워놓은 육아 원칙에 맞춰 아이를 키우려고 노력하면 할수록 오히려 과도하게 간섭하게 돼 엄마는 아이를 숨도 못 쉬게 만든다. 특히 ADHD 아동의 경우 엄마가 그럴수록 불안이 더욱 높아져 문제 상황은 심각해진다.

엄마의 잘못된 훈육

엄마는 아이의 일상에 일일이 간섭을 하다가 아이가 말을 듣지 않으면 작은 일에도 훈육에 들어갔다. 게다가 훈육 도중 계속 아이와 끊임없이 말을 주고받았는데, 아이가 ADHD라서 주제가 확확 바뀌는데도 엄마는 일일이 대답을 했다. 그러다 결국 아이한테 져서 훈육을 풀어주고는 했는데 아무리 잘못된 훈육이라도 마무리는 반드시 해줘야 한다. 그런데 엄마는 마무리 과정도 없었다. 이러면 훈육은 안 한 것만 못한 결과를 초래할 뿐이다.

우리 아이를 달라지게 하는 완벽 솔루션

엄마와 새로운 관계 맺기

그동안 엄마가 아이에게 강요했던 규칙들을 종이에 모두 적는다. 거기에서 꼭 지켜야 할 5가지 규칙만 빼고 모두 지워버린다. 지켜야 할 규칙이 확 줄어들면 엄마도 동휘도 마음이 한결 가벼워질 것이다. 그런데 과연 엄마가 얼마나 지킬 수 있을까? 한바탕 놀이 뒤에

어지럽혀진 방에서 동휘가 만화 삼매경에 빠져 있다. 예전 같았으면 치우라고 일일이 잔소리를 했을 엄마가 지켜야 할 5가지 규칙에 '치우기'가 없자 혼자서 장난감들을 치운다. 그 덕에 한가해진 동휘는 규칙인 '손 씻기'를 하라고 하자 평소에 괴롭히기만 했던 동생까지 데리고 가서 손을 씻는다.

유치원 등교

ADHD 아동들은 ADHD에 맞는 '맞춤형 아침 등교 방법'이 필요하다. ADHD 아이들은 뇌 활성화가 늦기 때문에 아침에 깨는 것이 너무 힘들다. 이렇게 아침에 일어나기 힘든 아이한테 세수나 양치질을 시키는 것은 무의미하다. 우선은 유치원에 가는 것이 부정적인 기억으로 남지 않도록 하는 것이 중요하므로 당분간 엄마는 씻기, 먹기, 옷 입기, 필요하면 양치질까지 모두 도와준다. 그러면 아이가 유치원에 가는 시간을 훨씬 단축시킬 수 있다.

ADHD 맞춤형 공부 방법

ADHD 아이들은 주의력과 집중력이 낮다. 일반적인 공부법과는 다른 'ADHD 아이 맞춤형 공부법'을 실시해 아이의 학습 습관을 잡아줘야 한다. 그러기 위해서 먼저 산만한 아이들은 바닥에 앉아 있으면 자꾸 눕고 싶고 자세가 흐트러지기 때문에, 책상에서 공부하는 것이 좋다. 또 아이가 집중할 수 있게 책상 위에는 아무 것도 놓지 않고 책만 둔다. 그런 다음 시계를 보고 큰 바늘이 어디까지 오면 공부가 끝날 거라는 것을 아이에게 설명해준다. 끝날 시간을 미리 알려주면 아이는 더 마음 편하게 공부에 집중할 수 있다.

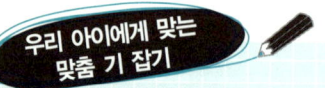

아이와 말을 주고받지 않는 훈육법

잦은 훈육으로 아이의 ADHD 증상을 더욱 심하게 만들었던 엄마는 제대로 된 훈육과 원칙들을 다시 배우기로 했다. 훈육의 빈도가 가장 많았던 공부 시간에는 절대로 훈육을 하지 않기로 했지만, 아무리 공부 시간이라고 해도 동휘가 아무 이유없이 동생을 때릴 때는 바로 훈육에 들어가야 한다. 엄마가 동휘의 팔을 잡자 동휘가 괴성을 지르면서 엄마 옷에 침을 뱉는다. "나 이제 칼 들고 올 거야. 그리고 엄마 죽여버릴 거야." 차마 입에 담지 못할 막말을 또 쏟아낸다. 그러나 엄마가 예전처럼 아이 말에 대꾸하지 않고 흥분한 아이가 진정할 때까지 차분히 기다려주자 동휘가 엄마 말에 순응하기 시작한다. 이때가 바로 훈육 마무리에 들어가야 할 때다. "동휘가 엄마한테 뭘 잘못했는지 얘기해 봐." "엄마한테 칼로 죽으라 하고 욕하고 엄마한테 소리 질렀어요." 동휘가 고분고분 대답을 한다. 올바른 훈육은 아이의 충동적인 폭주를 멈추게 한다는 것을 잊지 말자.

분노와 불안을 해소하는 놀이

1)로션 바르기 놀이

아이와 엄마 손에 로션을 바르고 지그재그 탑 쌓기를 한다. 엄마와 함께하는 스킨십 놀이는 아이의 불안도를 낮출 뿐 아니라 아이가 안정됨으로써 자연스럽게 ADHD 증상을 완화시킬 수 있다.

2) 사랑해요 놀이
입에서 입으로 하트를 옮기는 '사랑해요 놀이'는 아이가 엄마의 사랑을 확신해 불안감이 낮아질 뿐만 아니라 미세한 행동 조절과 주의 집중이 가능해 ADHD 아이들에게 더없이 좋은 놀이다.

유치원 보내기 전쟁이 끊이지 않던 오전 8시, 엄마가 깨우지도 않았는데 동휘가 먼저 일어난다. 엄마가 ADHD 맞춤형 방법으로 등교 준비를 해주자, 동휘가 여느 아이들과 마찬가지로 아무 문제없이 등원을 한다. 하원 후에는 엄마 대신 동생을 돌보며 어질러진 장난감을 스스로 정리하기까지 한다. 아이를 사랑하는 마음이 아이를 새롭게 태어나게 했다.

어린이집, 학교 생활이
너무 힘든 우리 아이

친구들을
심하게 괴롭혀요

학교에서 유명한 왕따

초등학교 1학년에 다니고 있는 민욱이네 아침은 민욱이를 학교에
보내는 것부터가 전쟁이다. 서둘러 학교에 가도 지각인데 자는 걸
깨웠다고 느닷없이 엄마를 향해 주먹을 날리지를 않나 책가방이며
집안 살림살이들을 모조리 내던지며 성질을 부린다. 어렵게 간 학
교에서도 민욱이의 행패는 멈추지 않았다. 곧 있을 운동회 연습 때
문에 반 친구들이 모두 줄 맞춰 운동장으로 나가는데도 민욱이는
줄 서는 것에는 관심이 없고 가만히 있는 친구들에게 시비를 건다.
급기야 친구가 갖고 놀던 막대기를 빼앗아 도망치더니 친구가 달라
고 하자 막무가내로 발길질을 한다. 결국 선생님이 와서 말리고서

야 상황은 진정이 되었는데, 수업 시간에는 친구가 쓰고 있는 공책을 빼앗으며 친구를 위협한다. 그러더니 친구 얼굴 앞에 제 얼굴을 바짝 들이밀고 입김을 불며 장난을 치는데, 학교에 와서 민욱이가 하루 종일 하는 일이라고는 친구들을 괴롭히는 것뿐이었다. 그러다 보니 민욱이는 친구들 사이에서 기피 대상 1호가 될 수밖에 없었는데, 엄마는 이런 민욱이의 친구 관계 때문에 늘 마음이 좋지 않다. 학교가 끝나도 같이 놀자는 친구도 없고, 함께 집에 가자는 친구도 없는 민욱이가 왕따를 당하게 되지는 않을까 걱정이 이만저만이 아니다. 오죽했으면 엄마의 소원이 친구가 한 명이라도 집에 놀러왔으면 하는 것이겠는가. 이런 엄마의 마음을 아는지 모르는지 민욱이는 친구를 만들어주려고 일부러 데리고 나온 놀이터에서도 친구는 뒷전이고 자동차 장난감만 가지고 논다. 자동차 놀이는 집에서도 할 수 있다고 아무리 설명을 해도 친구는 싫다, 급기야 사람까지 싫다며 고집을 부리는데, 대체 민욱이의 문제는 무엇일까?

친구 문제는 초등학교 입학 전에 반드시 풀어야 할 숙제

초등학교 1학년 때부터 생기는 친구와의 트러블은 아이 인생 전체를 망칠 수 있는 무서운 문제다. 친구들로부터 왕따를 당하면 당연히 학교에 가기가 싫고, 그렇게 되면 1학년 때부터 아예 공부는 멀리할 수밖에 없다. 그래서 친구 관계에서 문제가 생기는 것은 초등학교 입학 전에 반드시 해결해야 하는 문제인데, 그런 면에서 민욱이는 시기가 살짝 늦은 감이 있다.

어린이집, 학교 생활이
너무 힘든 우리 아이

속마음을 알아보는 대화 시간에 민욱이는 누구보다 친구들과 잘 지내고 싶다고 했다. 왜 친구들이 민욱이와 놀지 않으려고 하는지 아냐는 질문에도 자신이 장난이 심하기 때문이라고 대답했다. 민욱이는 자신의 문제를 정확하게 알고 있었다. 그렇다면 민욱이는 왜 자신의 문제를 알면서도 고치지 못하는 것일까?

친구를 괴롭히는 아이, 엄마가 만들었다

뭐든지 제 맘대로 해야 직성이 풀리다 보니, 민욱이는 학교에서는 물론 집에서 동생과의 다툼도 끊이지 않았다. 그럴 때마다 중재는 늘 엄마의 몫이었는데 쉽게 상황 정리가 되지 않자 엄마의 목소리가 기진다. 그런데 놀랍게도 민욱이의 모습과 엄마의 모습이 거의 흡사했다.

> "엄마가 맞대응하는 엄마입니다. 아이가 충동적일 때 엄마도 충동적으로 반응하면, 아이는 엄마의 행동을 그대로 배웁니다. 엄마의 행동을 통해서 아이는 사람을 대할 때 공격적이고 적대적인, 폭력적인 방법을 습득한 겁니다."
>
> **– 오은영 소아청소년정신과 전문의**

또한 엄마는 민욱이가 문제를 일으키면 잘잘못을 가르치기보다 수습하기에 바빴다. 민욱이가 사촌동생을 밀어 넘어뜨렸을 때도 엄마는 "밀어서 넘어뜨린 건 잘못된 거야" 하고 지적하지 않고, "빨리 사과해!" 하며 상황을 수습하기에 바빴다. 잘못을 정확히 알려줘야 사과도 하고 개선도 할 텐데 그러지 않으니 민욱이의 문제 행동이 계속될 수밖에 없다.

엄마를 극도의 스트레스 상태에서 충동적으로 생활하게 만든 데에는 아빠의 책임이 컸다. 엄마가 민욱이와 실랑이를 벌이는 동안 아빠는 늘 동생에게 도망을 쳤다. 민욱이가 흥분해서 물건을 내던지고 욕을 해도 아빠는 옆에서 지켜보기만 했는데, 난리치는 아들 때문에 주위에 눈치가 보이자 그제야 개입에 나섰다. 그러나 이때도 아빠는 제대로 된 훈육을 하는 게 아니라 상황을 모면하려고만 했다. 결국 민욱이의 양육은 오로지 엄마의 몫이었다.

ADHD라 더욱 그렇다

그런데 민욱이에게 있어서 더 중요한 문제는 바로 ADHD다. 엄마들끼리 친해서 유일하게 집에 놀러오는 동네 친구에게 엄마가 간식을 주자, 지켜보던 민욱이가 악착같이 쫓아가 간식을 뺏는다. 엄마가 친구에게 가지고 놀라고 준 장난감도 발길질을 하며 못 가지고 놀게 했다. 결국 친구 보기 미안한 엄마가 사태 수습에 나섰는데, 오히려 민욱이는 "엄마, 진영이가 말귀를 못 알아들어. 원래는 내가 먼저 했어" 남 탓을 하며 문제 상황을 이해하지 못했다. 이는 조절 능력이 미숙한 아이가 상황 자체를 이해하지 못해 나타나는 ADHD의 전형적인 증상이다. ADHD를 제대로 치료하지 않으면 민욱이는 점점 더 친구들과의 관계, 의사소통의 문제가 심각해질 것이다.

'그만' 요법

아이의 행동에 공격적으로 맞대응을 하는 엄마와 ADHD로 과잉 행동하는 아이모두를 차분하게 진정시키는 데는 '그만' 요법이 제격이다.

'그만' 요법이란?

아이가 악을 쓰고 폭주할 때 아무 말도 하지 않고 '그만'이라고 쓰인 판을 든다. 그런 다음 아이가 스스로 진정할 때까지 아무 말도 하지 않는다.

민욱이가 또다시 흥분을 하자 엄마가 조용히 '그만' 판을 든다. 하지만 처음 하는 방법이라 민욱이의 거부가 만만치 않은데, 엄마가 계속해서 조용히 '그만' 요법을 사용하자 폭주하던 아이도 점차 흥분을 가라앉힌다. 그것만으로도 놀랍고 신기한데, 갑자기 벌떡 일어나 음료수를 꺼내 마시며 스스로 감정을 추스르기 시작한다. 이 틈을 타 엄마가 민욱이의 잘못된 점을 지적하자 놀랍게도 자신의 잘못을 스스로 인정하기까지 한다. 잘못된 맞대응을 버린 엄마의 변화로 민욱이의 막무가내 행동이 쏙 들어갔다.

여러 가지 놀이를 가능하게 하는 방법

ADHD 증상의 아동들은 지속적인 상담과 놀이 치료가 필수이다. 민욱이가 노는 모습을 통해 아이의 심리를 파악하는 치료가 병행되었는데, 역시나 민욱이가 다른 장난감들은 다 제쳐놓고 자동차 장난감만 가지고 놀기 시작한다. 산만하고 집중력이 짧고 충동적인 민욱이가 이렇게 자동차에만 집중을 하는 이유는 놀이를 통해 성취감을 얻었던 기억이 유일하게 자동차이기 때문이다. 이럴 때는 자동차 장난감을 무작정 그만 가지고 놀라고 할 것이 아니라 한계를 정해주는 것이 좋다. "오늘은 20분만 자동차 장난감을 가지고 놀고 내일 또 가지고 놀자." 이렇게 한계를 지어주지 않고 무조건 그만하라고 하면 아이는 '다시는 이 좋은 걸 못하게 되는 구나'라는 생각이 들어 더더욱 자동차 장난감에 매달리고 집착하게 된다.

우리 아이에게 맞는
맞춤 기 잡기

훈육은 아빠가 담당한다

그동안 엄마는 혼자서 아이의 양육을 담당하느라 심신이 지칠 수밖에 없었다. 그래서 어쩔 수 없이 더 충동적으로 아이에게 맞대응할 수밖에 없었는데 이 경우에는 엄마의 노력보다 근본적으로 육아를 외면했던 아빠의 육아 참여가 절실하다. 그래서 이제부터 민욱이의 훈육은 아빠가 맡기로 했다. 또다시 민욱이가 동생을 괴롭히자 예전 같았으면 양육을 회피하며 멀리서 지켜보기만 했을 아빠가 직접 훈육에 나섰다. 그러나 아빠 얼굴을 보라는 말에 민욱이가 그대로 방을 나가버린다. 여기서 물러서지 않고 나가는 민욱이를 잡고 다시 한 번 강하게 훈육 자세를 취하자 처음에는 격렬하게 저항하던 민욱이가 스스로 잘못을 인정한다. 훈육으로 옳고 그름을 배워가는 과정을 통해 민욱이는 친구들에게도 해서는 안 될 행동들이 무엇인지 배우게 된다.

사회성 훈련

1) 1단계: 모범 답안을 보고 배워라

ADHD 아이들은 머리로는 이해하고 있지만 실제 상황에서 적용이 안 되는 아이들이다. 친구와 좋은 관계를 맺고 잘 지내는 것을 혼자 하기보다 또래와 집단을 이뤄서 하면 훨씬 더 효과적이다.

예) 또래 친구들이 친구가 함께 놀자고 했을 때는 어떻게 행동해야 하는지 민욱이에게 보여준다. 예전에 민욱이가 했던 행동과 비교해서 보여주면 더 좋다.

2) 2단계: 집안의 규칙 배우기

초등학교 1학년인 아이는 이미 사회생활을 시작했다고 할 수 있다. 아이가 지켜야 할 집안의 규칙을 세워서 하기 싫어도 꼭 지켜야 하는 규칙이 있다는 것을 가르쳐준다. 특히 ADHD의 경우 규칙 지키기가 어렵기 때문에 집안에서 규칙 지키기 연습은 필수이다.

우리 아이가
달라졌어요

친구들이 집에 놀러오면 좋겠다는 엄마의 소원이 과연 이루어질 수 있을까?

민욱이가 교실에서 "우리 집에 놀러올 사람!" 하고 큰 소리로 외치자 놀랍게도 반 친구들 대부분이 손을 들었다. 손을 든 친구들을 데리고 집으로 온 민욱이를 보고 기껏해야 3~4명 올 줄 알았던 엄마는 감동의 눈물을 흘렸다. '내 사전에 양보란 없다', 욕심 많던 민욱이가 친구들과 과자도 나눠 먹고 부탁도 잘 들어준다. 조금 늦었다고 생각될 때가 가장 빠른 때라는 말처럼 이제 민욱이는 사랑과 우정을 배우며 성장해갈 것이다.

6

형제
자매끼리
자주 다투는
우리 아이

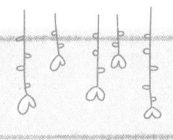

누나는
내 밥이라고 생각해요

6살 울화통 보이

영지는 동생 영광이 때문에 하루하루가 전혀 행복하지 않다고 했다. 동생이 어떻기에 8살 아이의 입에서 "행복하지 않다"는 말이 나올 수 있는지 동생 영광이를 만나보기로 했다. 누나가 학교 준비물로 가져갈 색종이 챙기는 것을 옆에서 지켜보던 영광이가 잽싸게 색종이를 빼앗아 줄행랑을 친다. 누나가 달라고 쫓아가자 되레 누나의 머리채를 잡고 휘두르며 화산처럼 폭발하는데 아침부터 불붙은 남매의 육탄전은 엄마가 영광이한테 색종이를 뺏어 다시 누나에게 주면서 일단락이 되었다. 하지만 영광이의 누나 괴롭히기는 휴전이 없었다. 누나가 학교에서 돌아오자 이번에는 장난감 총을 누나 얼굴에 쏘면서 졸졸 쫓아다녔다. 하지 말라고 하자 누나의 멱살을 잡고 패대기를 치며 누나를 더 괴롭히기 시작하는데 참다 참다 못 참겠는지 누나가 영광이를 한 대 때리자 한 대 맞으면 열 대로 갚아주는 못된 성깔에 "해보자는 건데! 뭔데?" 소리를 지르며 사정없이 누나를 때린다. 때리면서도 "너 때문에 너무 짜증나 죽겠어! 나도 밟고 싶다고! 너 밟고 싶다고!" 고래고래 소리를 지른다. 이런 영광이를 어떻게 하면 좋을지 속이 상한 엄마는 영광이를 괜히 낳았나 싶은 생각이 들 때도 한두 번이 아니다. 영광이의 폭력성은 날이 갈수록 도를 넘어섰는데, 친구가 집에 놀러온 날 친구 주려고 깎은 사과를 영광이가 양손에 움켜쥐더니 절대 주지 않겠다고 고집을 부린다. 엄마가 "사과, 친구 하나 주자"고 아무리 말을 해도 엄마한테까지 거친 발길질을 하며 절대로 사과를 내놓지 않았는데 급기야 접시 위에 있던 사과를 모조리 쏟아버리며 폭주하기 시작한다. 단 1분 1초도 참지 못하고 화산처럼 폭발하는 영광이, 엄마가 속이 상하거나 말거나 집 안에 있는 물건을 모두 내던져버리며 생난리를 치는 영광이, 대체 무엇이 문제일까?

집중력 제로인 아이

영광이는 또래 아이들에 비해 행동·감정·충동 조절 능력이 굉장히 미숙한 상태다. 바로바로 들어주지 않으면 늘 주먹이 먼저 나가고 악을 쓰며 감정이 폭발한다. 이렇다 보니 어린이집에서도 영광이는 다른 친구들은 학습을 하는데, 혼자서 먼 산만 바라보며 수업

형제자매끼리 자주 다투는
우리 아이

에 전혀 집중하지 못했다. 집에서의 학습도 마찬가지였는데, 책상 앞에 앉혀놓으면 잠시도 집중을 못했다. 한 글자 가르치면 온갖 딴청을 부리고 두 글자 가르치면 따발총 말대꾸가 스무 마디가 넘었다. 이렇다 보니 다른 친구들은 벌써 책을 읽는다는데, 영광이는 아직까지 제 이름 석자도 제대로 못 쓰는 까막눈이었다.

그런데 영광이의 학습 태도를 자세히 보자 공부를 싫어하는 게 아니라 정말 집중하기가 어려운 것처럼 보였다. 조절 능력의 문제는 집중력의 문제로 이어지기 때문인데, 아니나 다를까 영광이의 집중력은 심각한 수준이었다.

집중력 실험
- 실험 내용 : 실험맨이 칠판에 글씨를 쓰거나 그림을 그리면 똑같이 따라 그린다.

① 실험맨이 칠판에 '반달곰'이라는 글씨를 쓰고 따라 쓰라고 했다. 한글의 습득과 관계없이 영광이의 또래 친구들은 한 번 글씨를 보고 잘 따라 쓰는데 반해 영광이는 한 획, 한 획 보고 그리는 것도 쉽지 않았다. 아니나 다를까 다른 친구들은 모두 '반달곰'이라고 썼는데 영광이만 '보달롬'이라고 썼다.

② 실험맨이 칠판에 그린 집 모양을 똑같이 따라 그리라고 했다. 역시 또래 친구들은 실험맨이 그린 집 그림과 비슷한 집을 그렸는데, 영광이는 집 모양인지 깨진 세모 조각인지 전혀 알 수 없는 이상한 그림을 그려놓았다.

말 폭탄 엄마, 버럭 아빠

누군가 영광이의 자전거를 잠가놓고 도망가버렸다. 감정 조절이 안

272

우리 아이가
달라졌어요

되는 영광이는 1초 만에 눈물을 쏟으며 당장 자전거 열쇠를 내놓라 울고불고 떼를 썼다. 하루 종일 영광이에게 시달리던 엄마도 이번엔 참지 않는다. 영광이가 엄마를 때리자 엄마도 똑같이 영광이를 때린다. 영광이가 꼬집은 만큼 엄마도 똑같이 앙갚음을 하더니 급기야 "입 꿰맨다, 진짜! 너 바늘 갖고 꿰맨다!"라고 말한다. 모자지간에 이 무슨 섬뜩한 말들인가. 그런데 엄마는 진짜 영광이 앞에 바늘을 꺼내놓았다. 바늘을 보자 겁에 질린 영광이가 기절초풍하기 일보 직전인데, 엄마는 "손에 전기가 있다니 뭔 소리야 그게? 영광이 뭐 먹고 싶으면 엄마랑 슈퍼 가자" 갑자기 다른 이야기를 하며 상황을 급 마무리시켰다.

> "영광이 엄마는 말 그대로 목표도 없고, 목적도 없는 말 폭탄을 쏟아내고 있습니다. 영광이와 실랑이를 시작하면 1분이면 끝낼 수 있는 상황을 평균 40분 정도를 실랑이를 하시더라고요. 그렇게 길게 말을 하면서도 아이의 문제 행동을 정리하지 못하고 말실랑이만 하고 있어요. 이는 아이를 더 자극하고 집중력을 떨어뜨리는 악영향을 미칠 뿐입니다."
>
> **— 오은영 소아청소년정신과 전문의**

어린이집 차에서 내리는 영광이가 집이 아닌 다른 곳으로 향한다. 창문으로 영광이의 하원을 지켜보던 엄마가 부리나케 뛰어나와 영광이를 데리고 들어가려는데, 자꾸만 집에 안 들어가겠다고 버틴다. 혼자 힘으로는 영광이가 감당이 안 되는 엄마가 아빠를 데리고

형제자매끼리 자주 다투는
우리 아이

나오자 아빠를 본 영광이가 잔뜩 겁에 질려 울음을 터트리며 제대로 말하지 못한다. 그러자 아빠는 어김없이 매를 들고 체벌을 했다.

"아빠는 별 것 아닌 일에 굉장히 강한 감정으로 대응합니다. 아이에게 남는 건 '어머 엄청 무서워!'라는 느낌밖에 없습니다. 그리고 아이는 아빠의 난폭함을 그대로 배웁니다."

— 오은영 소아청소년정신과 전문의

부모 조절력 높이기

아이뿐만 아니라 부모도 충동·행동·감정 조절 기능이 미숙하다. 부모가 기본적인 조절과 통제 기능을 아이에게 가르쳐줄 수 있어야 아이는 부모를 통해 조절 능력을 보고 배운다. 온 가족이 하루에 5분씩 벽을 보고 앉아 명상을 하면 욕구 지연 경험과 기다리는 법을 배우게 하는 데 효과가 있다. 조금이라도 움직이는 사람은 다시 시작하고, 5분을 성공했다면 조금씩 시간을 늘려간다.

시각 집중력 훈련

시각 집중력을 높이는 데 좋은 방법은 없어진 물건을 찾는 것이다. 먼저 아이에게 여러 대의 장난감을 보여주고, 그중 한 가지 장난감을 없앤 후 잠시 뒤 없어진 장난감을 찾게 한다. 없어진 장난감을 기억하다 보면, 집중력은 자연스럽게 향상될 수 있다. 또한 음악을 듣고 연주하기를 반복하다 보면 집중력을 높이는 데 좋은 효과를 얻을 수 있다.

말 짧게 하는 연습
눈에는 눈 이에는 이, 6살 아이에게 너무도 가혹하게 무서웠던 엄마와 아빠는 조절 능력 향상을 위해 명상과 호흡을 꾸준히 배웠다. 이제부터는 40분씩 말하는 습관을 1분으로 줄이는 연습을 한다. 이때 일일이 감정적으로 맞대응을 하면 절대 안 된다. 본질적인 이야기도 3단계를 넘지 않게 하는 것이 중요하다.

조절 능력이 부족한 아이 훈육법
누나의 준비물을 사기 위해 엄마가 누나와 함께 밖에 나갈 채비를 한다. 엄마를 따라 나가겠다는 영광이에게 엄마가 "잠깐 집에 있어"라고 말하자 영광이가 폭발한다. 좀처럼 상황이 수그러들지 않자 늘 그랬던 것처럼 아빠의 무서운 훈육이 시작되었는데 조절 능력이 부족한 아이들의 훈육은 방법이 따로 있다.

조절 능력이 부족한 아이들의 훈육법
1) 말의 양을 줄이고 아이의 마음을 공감해준다.
2) 아빠는 목소리를 낮춘다.
3) 문제 행동은 비난이 아닌 절절한 지적으로 바로잡는다.

아이들은 큰 목소리보다는 부드러운 목소리를 더 잘 듣는다. 그리고 조절 능력이 부족한 아이들에게는 짧고 간결한 훈육이 포인트다.

온 집안을 뒤흔드는 6살 폭군 영광이는 어떻게 달라졌을까? 집중력 제로였던 영광이가 엉덩이를 딱 붙이고 앉아 놀라운 집중력으로 자기 이름을 쓴다. 이제 제법 글씨도 쓸 줄 알고 순간순간 화가 날 때마다 숨을 참으며 스스로 감정을 조절할 줄도 알게 되었다. 만나기만 하면 서로 못 잡아먹어 안달이었던 누나와도 장난감을 만들어 같이 놀 정도로 다정한 사이가 되었다. 불과 몇 주 전만 해도 내가 이 아이를 왜 낳았을까 후회하던 엄마는 하루가 다르게 변하는 영광이의 모습을 보자 잠시라도 그런 생각을 했던 자신이 마냥 후회스럽기만 하다. 아이들은 부모를 통해 세상을 본다. 지금 우리 아이는 어떤 세상을 보고 있을까?

아무나 보면
욕하고 시비를 걸어요

365일 시비대장

명찬이를 만난 것은 태권도장에서였다. 그런데 무섭게 생긴 고등학생 형들한테까지 시비를 거는 7살이라는 소문과 달리 명찬이는 진지하게 태권도를 하고 있었다. 언뜻 보기에 별 문제가 없는 것 같았는데, 집에 오자 태도가 180도 달라졌다. 엄마와 아빠가 맞벌이를 하는 탓에 낮 시간에는 주로 10살 누나와 8살 형, 그리고 사촌동생 상현이와 함께 지냈는데 집에서 명찬이는 그야말로 시한폭탄이었다. 2시간째 게임을 하고 있는 명찬이를 누나가 제지하자 리모컨을 집어던지며 공포 분위기를 조성하더니 분에 못 이겨 집으로 온 고지서를 죄다 찢어버린다. 그리고는 8살 형을 힘으로 제압하고 다시 게임을 독차지하는데, 그때 동생이라고 매번 당하기만 하던 6살 상현이가 게임의 코드를 빼버렸다. 그러자 기다렸다는 듯이 명찬이가 상현이의 머리채를 잡고 벽에 머리를 찧는다. 보다 못한 누나가 명찬이를 방 밖으로 밀어내고 방문을 잠가버렸다. 그러나 이대로 물러날 명찬이가 아니다. 젓가락으로 문을 따고 들어가서는 또다시 행패를 부린다. 하루 종일 형과 누나 그리고 동생한테 시비를 걸고 싸움을 하는 사이 엄마가 퇴근을 했다. 감기 기운이 있는 엄마가 잠시 휴식을 취하려는데 그 사이를 못 참고 또 명찬이가 상현이를 괴롭히기 시작한다. 날마다 서로 치고 박고 싸우면서도 상현이가 집에 가면 '보고 싶다고, 어디 갔냐고' 찾는 명찬이가 엄마는 이해되지 않는다. 문제는 밖에서도 이런 못된 태도가 이어진다는 것인데 동네 초등학교에 가서 지나가는 여자아이들한테 "오리 궁둥이, 오리 궁둥이!" 하며 놀리지를 않나, 처음 본 형들한테도 막무가내로 욕하며 시비를 건다. 그래도 형들이 관심을 주지 않자 이번에는 동네 고등학교로 들어가 고등학생 형, 누나들한테까지 육두문자를 날린다. 그때 험악하게 생긴 형이 큰소리를 치며 다가오자 약간 주춤하는 기색을 보였는데 이내 커다란 돌을 들고 와서는 형을 향해 내던질 기세로 달려든다. 어른 아이 가리지 않고 하루라도 시비를 걸지 않으면 잠이 오지 않는다는 명찬이, 대체 무엇이 문제일까?

시비가 아니라 놀자고 한 행동들

명찬이는 나이를 불문하고 마주치는 모든 사람에게 상스러운 욕을 하며 시비를 걸었다. 이런 명찬이의 행동은 사실 시비가 아니라 놀자는 표현이었다. 명찬이는 기본적으로 사람과 관계 맺기를 간절히 원하는 아이다. 그런데 그 방법이 시비와 난폭한 행동뿐이었던 것이다. 엄마는 이런 명찬이를 대할 때 "너 쥐어박았으면 좋겠어!", "몽둥이 어디 있어? 몽둥이 가져와!"와 같이 추궁을 많이 했다. 그러다 보니 명찬이에게 집은 지옥이나 다름없다. 그래서 명찬이는 밖에 나가서 시비를 걸며 어른들에게 놀자고 하는 것이었다.

또한 형, 누나와의 사이에서 문제가 발생하면 명찬이는 매번 엄마의 일터로 전화를 걸어 위로받기를 원했다. 하지만 그럴 때마다 엄마는 일 때문에 전화를 끊었고, 이런 상황이 자꾸 반복될수록 명찬이는 점점 더 외롭고 쓸쓸할 수밖에 없었다.

> "아이가 엉엉 울면서 전화를 하는데, 먼저 전화를 끊는 엄마는 없습니다. 이건 굉장히 심각한 관계의 단절입니다."
>
> **– 오은영 소아청소년정신과 전문의**

관계 형성 0%인 가족

명찬이가 공격적인 행동을 할 때마다 누나와 형은 도망을 치거나 방문을 걸어 잠갔다. 항상 시비 끝에 찾아오는 이런 왕따 상황은 명

형제자매끼리 자주 다투는
우리 아이

찬이에게 또 다른 관계 단절의 상황이었다. 이로 인해 명찬이는 소아 강박증적 증상을 나타냈는데, 소아 강박증적 증상이란 늘 같은 것을 입어야 하고 장난감이든 뭐든 꼭 줄과 각을 맞추고 유지하려는 증상이다. 명찬이는 달라질 수 있을까?

우리 아이를 달라지게
하는 완벽 솔루션

긍정적인 관계 형성하기

1) 깜짝 연락 요법

그동안 엄마는 아이가 전화를 걸어도 바쁜 업무를 핑계로 전화를 끊어버리기 일쑤였다. 이제 엄마는 아이가 요구하지 않아도 먼저 전화를 걸어 안부를 물어보고 문자로 사랑의 메시지를 보낸다.

2) 과장 간호 요법

아이가 조금만 아프다고 해도 엄마는 과장되게 걱정을 해준다. 그랬을 때 아이는 '내가 다쳤을까 봐 엄마와 아빠가 많이 걱정하는구나' 라는 따뜻한 마음을 느낄 수 있다. 이런 관계 속에서 아이는 엄마와의 신뢰를 회복할 수 있다.

3) 산책 놀이

아이와 눈을 마주치며 노는 것만큼 효과적인 방법은 산책이다. 아이는 엄마와 함께 손도 잡고 걸을 수 있어 좋고, 엄마는 산책 중 아이에게 자연스럽게 충고를 할 수 있으니 훈육 효과까지 얻을 수 있다.

4) 질투 요법

명찬이처럼 친구들과 놀고 싶은데 남을 괴롭히고 집적대는 것밖에 배운 적이 없는 아이는 제대로 된 방법으로 대인 관계를 맺는 방법을 알려줘야 한다. 아이가 좋아하는 상대를 이용하는 '질투 요법'이 효과적일 수 있는데, 명찬이가 제일 좋아하는 어린이집 친구 지희가 놀이 관계를 잘하는 다른 남자아이와 노는 장면을 미리 찍어 명찬이에게 보여준다. 명찬이는 지희와 남자아이가 노는 화면을 통해 올바른 친구 관계의 모습을 보고 배울 수 있다. 얼마나 효과적인지 명찬이가 지희를 직접 집으로 초대했는데 처음에는 쑥스러워서 잘 다가서지도 못 하더니 지희의 겉옷을 받아 옷걸이에 걸어준다. 엄마가 팽이 돌리기 게임을 유도하자 늘 남의 것만 빼앗던 명찬이가 손수 지희의 팽이를 감아주기도 한다. 그리고 "너 먼저 해" 양보하면서 시비가 아닌 놀이로 관계 맺기를 성공적으로 해내고 있었다.

5) 비밀 찾기 놀이

명찬이 집과 같이 맞벌이 가정의 아이들에게는 '비밀 찾기 놀이'가 효과적이다. 엄마가 출근하기 전에 엄마의 비밀이 담긴 쪽지를 집 안 여기저기에 붙여놓고, 엄마가 출근하면 아이가 쪽지를 따라 비밀 상자를 찾는다. 비밀 상자 속에서 엄마의 사랑이 가득 담긴 편지를 발견한다면, 아이는 엄마는 없지만 '엄마가 나를 위해 이런 것을 준비했구나' 라는 뿌듯한 감정을 느낄 수 있다.

형제자매끼리 자주 다투는
우리 아이

아이의 마음을 읽는 대화로 따뜻한 관계 맺기

엄마가 컴퓨터 게임을 못 하게 하자 명찬이가 컴퓨터 앞에서 괴성을 지른다. 그런데 아이에게 소리를 지르지 말라고 하면서 엄마도 명찬이와 똑같이 소리를 지르고 있었다. 아이들이 텔레비전을 보거나 게임을 하고 있을 때는 대게 엄마의 말을 잘 안 듣는다. 그렇기 때문에 훈육을 하기 위해서는 아예 텔레비전을 끄든가 게임이 없는 조용한 곳으로 아이를 데리고 나가야 한다. 그런데 엄마가 명찬이를 조용한 방으로 데리고 나와 훈육 자세를 취하자 명찬이가 갑자기 대성통곡을 하며 울기 시작했다. 그때 엄마가 무조건 다그치지 않고 "아이고 속상해. 우리 아들 뭐가 그렇게 속상할까?" 하고 마음을 읽어주자, "내가 형 그만하고 나 이제 하자 그랬는데, 형이 잠깐만 기다리라고 하더니 돼지야 하고 때렸어" 욕을 하고 시비를 걸던 평소의 모습과 달리 엄마에게 전후 사정을 이야기하며 스스로 마음을 가라앉힌다. 그러면 엄마는 "이유야 어찌되었든 형이 때리고 돼지라고 놀린 건 잘못된 행동이니까 엄마가 형한테 말할게"라고 아이를 안심시킨 후, 아이가 앞으로 해야 할 올바른 행동 지침을 알려준다. 이런 과정을 통해서 아이는 그렇게 바라는 대인 관계의 욕구를 적절히 충족할 수 있다. 충족이 되고 나면 아이의 문제 행동은 많은 부분이 해결이 될 것이다.

집안에서는 물론 온 동네 초, 중, 고등학교를 누비며 아무나 붙잡고 시비를 걸었던 명찬이가 지금은 하교하는 누나, 형들을 향해 "안녕하세요" 넙죽 인사를 한다. 예전에 명찬이한테 욕을 들었던 고등학교 형이 어리둥절해 명찬이를 바라보자 싱긋 웃어주기까지 한다. 10살 누나, 8살 형, 그리고 6살 사촌동생 상현이하고도 이젠 누구보다 끔찍한 남매지간이 되었다. 물건을 내던지던 손이 누나와 형, 동생에게 귀염을 떠는 손으로, 시비 걸던 입이 "사랑해"라는 닭살 멘트를 쏟아내는 입으로 바뀌자 집안에 행복이 저절로 찾아왔다.

쌍둥이 형제가 아니라
원수지간이에요

못 말리는 쌍둥이 형제

4살 다한이와 다온이는 쌍둥이 형제다. 형 다한이가 동생 다온이보
다 1분 먼저 태어난 형인데, 형제지간이 아니라 원수지간이 따로 없
다. 식전 댓바람부터 베개 하나를 두고 서로 눕겠다며 레슬링을 벌
이더니 엄마의 판정으로 형이 이기자 동생 다온이가 오만상을 찌푸
리며 항의를 한다. 급기야 화풀이라도 하려는 듯 일부러 형한테 가
서 몸을 부딪치고는 형의 얼굴을 주먹으로 내리치는데 눈만 마주쳤
다 하면 서로 못 잡아먹어 안달인 형제 때문에 엄마는 하루에도 수
십 번 두 아들을 뜯어말려야 했다. 그런데 놀랍게도 놀러온 또래 친
구가 형 다한이가 놀던 장난감을 뺏자 옆에서 지켜보고 있던 다온

이가 "빼앗으면 나쁜 거야. 형이 싫다고 하잖아!" 형의 편을 든다. 둘이 있으면 서로 못 잡아먹어 그렇게 안달을 부리더니 외부의 공격이 들어오자 서로를 감싸주는 다정한 형제로 변했다. 그러나 친구가 돌아가자 언제 친했냐는 듯 또다시 형제의 난이 시작되었다. 이번엔 다른 장난감들이 천지에 널렸는데도 형이 가진 장난감만 갖겠다고 동생 다온이가 달려든다. 다한이가 동생을 피해 베란다로 가자 괜한 불똥이 거실에 있던 7살 누나에게 튀었다. 건들건들 누나한테 다가가서는 머리를 때리고 블록으로 등짝을 내리친다. 보다 못한 엄마가 쌍둥이 형제를 생각하는 자리에 앉히고 훈육을 시작하는데 반성은커녕 희희낙락하며 웃기만 한다.

아빠와 있으면 문제 행동은 더 심각했다. 놀이를 끝내고 장난감을 정리하자는 아빠의 말 한마디에 형 다한이가 정리는커녕 죄다 던져놓고 보란 듯이 쑥대밭을 만들어놓는다. 동생 다온이는 한술 더 떠 고래고래 악까지 쓰며 아빠 얼굴에 뺨 세례를 퍼붓는데 아빠가 맴매를 하겠다고 해도 실실 웃기만 할뿐 도무지 말이 통하지 않는다. 게다가 아빠가 한마디 하면 지지 않고 속사포처럼 말대답을 쏟아내는 탓에 아빠는 머리가 지끈지끈거린다. 못말리는 쌍둥이 형제, 대체 무엇이 문제일까?

강력반 형사 같은 엄마

40개월 이 나이 때 형제 갈등은 사실 흔한 일이다. 쌍둥이들은 똑같은 발달을 밟아가야 하기 때문에 갈등이 더 많을 수 있다. 그러나

이 가정은 쌍둥이들의 특성 외에 다른 큰 원인이 있었다. 형제들끼리 싸울 일이 많다 보니 부모님, 특히 엄마가 항상 형사 역할을 하고 있었다. 원인과 결과에서 잘잘못을 끊임없이 따진 후, 누군가 하나는 꼭 피의자를 만들었다. 그리고 마지막에는 항상 "미안해", "괜찮아"라는 말로 화해를 하게끔 강요했는데 그래야 모든 문제가 매끄럽게 해결된다고 엄마는 생각하기 때문이다. 그러나 이것은 엄청난 오해다. 아이들도 이젠 싸우고 나면 "미안해", "괜찮아"라는 말을 해야 상황이 종료된다는 것을 파악하고 있었다. 그래서 그대로 따르긴 하지만 형식적인 종료가 될 뿐 부모의 중재에서 감정의 지지나 교감, 나눔을 전혀 배우지 못하고 있었다. 그래서 눈만 마주치면 싸울 수 밖에 없었던 것이다.

엄마는 본인 스스로 감정 기복이 심하다는 것을 잘 알고 있다. 그래서 아이들을 훈육할 때 지나치게 감정을 통제했다. 놀다 쉬를 한 다온이의 바지를 갈아입히려는데 다온이가 장난치며 말을 듣지 않자 엄마는 "입혀줄 때 장난쳤으니까, 네가 직접 입어"라고 하고 아이한테서 차갑게 물러난다. 엄마의 감정이 통제가 안 될 때는 차라리 아이에게서 등을 돌리는 것이 낫기는 하지만, 아이가 울고불고 난리를 치는데도 아이에게 등을 돌리고 있으면 아이는 더 큰 상처를 입게 된다. 이럴 때는 차라리 "너 왜 옷 안 입어!" 엄마 본연의 모습 그대로 자연스럽게 감정을 표현하는 것이 더 도움이 된다.

아빠의 고집과 틀

아빠가 쌍둥이의 손을 씻기고 있다. 그런데 손 한 번 씻기는데 아빠는 말이 참 많다. 비누를 너무 많이 칠했다고 구구절절 길게 설명을 하다가 그것도 안 통하면 결국엔 "이거 맴매다. 이거. 그지? 야, 오늘 맴매 맞을 거 많다" 맴매 맞자는 것으로 상황을 종료시킨다. 아빠의 맴매가 강하진 않지만 맴매라는 말이 나오자마자 겁에 질린 쌍둥이가 울음을 터뜨린다. 그럴 때도 아빠는 "울지 마. 잘못했으니까 맴매야" 손 한 번 씻는데 도대체 맴매가 몇 번이나 나오지 셀 수도 없을 정도다.

> "아빠는 아이 말을 들을 때 미리 방어를 하고 다음에 훈육할 말을 머릿속에 생각하고 있어요. 말투만 부드러울 뿐이지 아빠 마음은 그것을 절대 허용할 생각이 없어요. 그 틀에 아이들을 집어 넣으려다 보니까 아이들이 진저리를 치고 싫어하는 겁니다."
>
> **– 오은영 소아청소년정신과 전문의**

진정한 교감은 사람의 마음을 이해하면서 접점을 찾고 내 생각을 바꿔나가는 것이다. 형식적인 말로만 "아, 네가 화가 났구나. 그래, 화난 거 알겠어. 그렇지만 화를 내는 건 나쁜 행동이야"라고 하는 건 공감이 아니다. 그런데 이 가정은 형식적인 틀에 딱 갇혀 있다. 형식적인 틀로만 양육을 하려다 보니 부모는 감정의 격려나 지지보다 끊임없이 말로써 통제하고 가르치려 들었다. 하지만 아이들은

형제자매끼리 자주 다투는
우리 아이

마음을 하나도 공감받지 못했다는 것을 본능적으로 안다.

아빠와의 관계 회복하기

평소 쌍둥이 형제 중에서도 동생 다온이는 아빠가 퇴근하면 눈도 마주치지 않고 방으로 숨어버릴 때가 많았다. 놀 때도 아빠에게 등을 돌린 채 놀고, "어질러진 장난감을 같이 치울까?"라는 한마디에 경기를 일으켰다. 이렇게 아이들이 어질러놓은 것을 치우자고 할 때는 아이들에게 아주 작은 영역을 정해주는 것이 좋다. 이때도 "다온아, 너 여기만 정리할래?"라고 명령하지 말고 "다온아, 아빠 여기 치우는 거 도와줄래?"라고 표현한다. 그러자 다온이가 아빠의 말을 듣기 시작한다. 작은 영역은 아이들에게 성취감을 주고, 그럴 때마다 아빠가 짧은 칭찬들을 해주면 이런 것들이 쌓이고 쌓여 아빠와의 기분 좋은 기억을 만들어준다.

이제부터 부모가 만들어놓은 형식적인 틀에서 벗어나도 괜찮고, 마음이 편안할 수 있다는 것을 경험하게 해야 한다. 공놀이 같이 정해진 모양이나 틀이 없는 밀가루 놀이와 모래 위에서 몸을 내던져 하는 무형의 놀이들은 마음을 이완시켜주는 데 효과적이다.

형제 다툼, 규칙 놀이로 가르쳐라

아이들을 화합시킬 수 있는 방법은 누구나가 그렇다고 동의하는 규칙이 있는 놀이를 시키는 것이다. 질서와 협동을 통해 형제 간의 우애는 더욱 깊어질 것이다.

규칙 놀이
① 가위바위보하면서 과자 먹여주기
② 탁구공 놀이: 두 사람의 입김으로 탁구공을 주거니 받거니 한다.

　진정한 교감이란 자기 말만 일방적으로 하는 것이 아니라 상대의 눈을 지그시 바라보고 눈으로 들어주는 것이다. 진정한 교감을 배우기 위해 온 가족이 찾아간 곳은 '팬터마임'을 배우는 곳이었다. 말에 가려진 포장보다 마음의 진실을 바라보는 연습을 통해 평소 감정표현이 부자연스러웠던 가족들이 내면의 소리를 듣는 법을 배울 수 있었다.

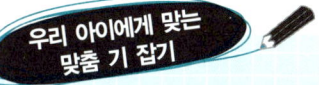

엄마의 형사 역할 벗어나기

쌍둥이들이 서로 보고 싶은 채널을 틀겠다며 옥신각신한다. 형 다한이가 텔레비전을 꺼버리자 동생 다온이가 냉큼 달려가 형의 머리를 잡아당긴다. 또다시 시작되는 폭력 상황! 이럴 때 엄마는 형사 역할에서 벗어나 진정한 엄마의 위치에 서야 한다. "누가 먼저 때리기 시작했어?" 이런 말은 절대 안 된다. 와서 안기는 아이에게 "아유, 그랬어? 속상했겠네?"라고 말하면서 동시에 다른 아이에게도 "너는 다친 데 없니? 싸우느라 너희도 힘들겠구나" 정도에서 마무리를 짓는다. 절대로 "미안해", "괜찮아"와 같은 정형화된 말은 쓰지 않는다. 이때 또 한 가지 주의할 점은 절대 말을 길게 하지 않는다는 것이다. 가급적 말은 세 문장을 넘지 않는 것이 좋다.

세 문장에서 끝내는 구체적인 훈육 방법
1) 마음 읽기: "속상해? 그래. 알아."
2) 그 당시 문제점 지적: "그래도 때리면 안 되지."
3) 방향 조언: "앞으로는 사이좋게 지내. 때리지 말고."

쌍둥이 형제네 집을 다시 찾았다. 형의 것은 모두 빼앗고 보는 과격했던 다온이가 솔선수범해서 형에게 사과를 나눠준다. 아빠가 퇴근하자 과거 아빠와는 눈도 안 마주치더니 아빠의 옷을 벗겨주기까지 한다. 이어지는 쌍둥이 형제의 안마 서비스에 아빠는 입이 귀에 걸렸는데, 그 답례로 아빠는 아이들이 가장 좋아하는 팬터마임 놀이를 시작한다. 아빠의 동작을 보고 물건을 가져오기도 하고 동물 이름을 맞추기도 하는 쌍둥이 형제를 보자 사랑도 두 배로 깊어진 것을 느낄 수 있었다.

아이들 싸움이
어른 싸움이 됐어요

동갑내기 사촌 남매의 대 격돌

효섭이와 가연이는 한 동네에 사는 사촌 남매다. 간호조무사로 일하는 효섭이 엄마를 대신해 낮 동안 효섭이는 가연이네 집에서 지내고 있었는데, 둘 사이가 어찌나 앙숙인지 붙었다 하면 싸움이 끊이질 않았다. 주로 때리는 쪽은 효섭이고 맞는 쪽은 가연이었는데, 텔레비전을 보다가 갑자기 효섭이한테 뺨을 맞은 가연이가 맞대응을 하지만 효섭이는 눈 하나 꿈쩍하지 않는다. 그래놓고는 또다시 가방으로 가연이를 내려친다. 이럴 때마다 할머니는 효섭이 편을 들 수도 가연이 편을 들 수도 없어 난처하기만 하다. 저녁 7시, 퇴근하는 효섭이 엄마가 효섭이를 데리고 가자 사촌 남매 간 싸움은

형제자매끼리 자주 다투는
우리 아이

겨우 휴전 상태에 돌입할 수 있었다. 그러나 효섭이네 집에서의 전쟁은 이제부터가 시작이었다. 내일 아침 엄마와 아빠도 일찍 출근하고 효섭이도 어린이집에 가려면 빨리 자야 하는데, 새벽 2시가 넘도록 효섭이가 잠을 안 자고 보챈다. 이렇게 잠을 안 자니 다음 날 아침에 못 일어나는 것은 당연지사, 결국 잠이 든 채로 엄마 품에 안겨 어린이집에 갈 수밖에 없었다.

더 큰 문제는 아이 문제가 어른들의 문제로까지 번지고 있다는 사실이다. 효섭이의 하원길, 가연이의 엄마와 효섭이의 아빠가 모처럼 효섭이를 데리러 왔다. 그런데 만나면 싸우는 게 일인 효섭이와 가연이가 집으로 오는 차 안에서도 치고 박고 싸우기 시작했다. 결국 효섭이한테 맞은 가연이가 울음을 터트리고 말았는데, 효섭이 아빠도 가연이 엄마도 가연이만 나무란다. 같은 4살인데도 10개월 빠른 가연이가 누나니까 참아야 한다는 것인데, 가연이 엄마는 자기 딸을 혼내면서도 속이 편치만은 않다. 결국 집에 와서 어른들의 2차전이 벌어지고 말았다. 효섭이가 또 가연이한테 침을 뱉고 시비를 걸자 이번에도 효섭이 아빠가 가연이를 나무란다. 그러자 "오빠는 오빠 자식이나 혼내!" 가연이 엄마가 폭발하고 말았다. 아이 싸움이 어른 싸움이 되고 만 사촌 남매의 대격돌, 대체 무엇이 문제인 걸까?

효섭이와 가연이의 문제 행동

놀이 검사 결과 효섭이는 정서적으로 방치된 상태라는 진단이 내려

우리 아이가
달라졌어요

졌는데, 자기표현과 적절한 상호작용에 어려움이 있다는 뜻이다. 사실 또래 아이들끼리 좀 다툴 수도 있다. 그런데 이 두 아이를 보면, 거의 효섭이가 가연이를 먼저 때리고 있었다. 효섭이가 화가 나는 가장 큰 이유는 자신은 말이 늦어 '어버버' 하는데 가연이는 말을 잘하기 때문이다. 효섭이가 텔레비전을 보고 있는데 가연이가 할머니한테 말해 채널을 다른 데로 돌려달라고 한다. 효섭이는 보던 것을 계속 보고 싶었는데, 말이 늦다 보니 말보다 주먹이 먼저 나갈 수밖에 없는 것이다. 그러면 가연이는 효섭이가 때렸다고 주변 어른들에게 이르고, 효섭이는 변명 한마디 하지 못하고 무조건 사과하라는 말을 듣게 되는데, 그렇다 보니 또다시 가연이를 때리는 행동이 반복될 수밖에 없었다.

한편 가연이도 "네가 누나니까 양보해라"라는 말을 일상적으로 들었다. 그런데 가연이도 효섭이 보다 열 달 일찍 태어나기는 했지만 아직 4살밖에 안 된 어린아이다. 누나 노릇을 자꾸 강요당하다 보니까 자기 욕구가 많이 억눌릴 수밖에 없었다. 그렇다 보니 아이는 스트레스를 받고 머리카락을 배배 꼬거나 손톱을 물어뜯는 행동을 보이고 있었다.

어른은 많지만 진짜 어른은 없다

한 동네 앞, 뒷집에 살면서 대가족으로 살다 보니 효섭이와 가연이 주변에는 어른들이 많았다. 하지만 책임감을 가지고 교육과 양육을 담당하는 어른들은 한 사람도 찾아볼 수 없었다. 어른들은 '엄마와

형제자매끼리 자주 다투는
우리 아이

아빠가 아니어도 고모가 있고 할머니가 있으니까 괜찮겠지'라는 생각으로 정작 중요한 부모의 역할을 제대로 하고 있지 않았다. 특히 직장을 다니는 효섭이 엄마는 '저녁 때가 되어 내가 발 동동거리며 뛰어가지 않아도 누가 밥은 챙겨주겠지'라고 생각했다. 하지만 이런 생각은 효섭이 엄마의 일을 덜어주기도 했지만, 효섭이에게 서운한 마음을 갖게 하는 원인이 되었다. 그리고 '나는 직장에 다니는데 당연히 고모네 애들보다는 우리 애를 더 챙겨줘야 하는 게 아닌가?' 이런 각자의 입장은 갈등의 골을 점점 더 깊게 만들고 있었다.

> "효섭이는 야생 소년입니다. 어떻게 보면 가정교육을 전혀 안 받은 거나 마찬가지예요. 어떻게 하는지 모르니까 훈련이 안 되어 있어서 계속 난리를 치고 성질을 부리는 겁니다."
>
> **– 오은영 소아청소년정신과 전문의**

가족 전체가 안전 불감증

아이가 잘못된 행동을 했을 때 하는 훈육에 있어서도 마찬가지다. 어른은 많지만 책임감 있게 아이들을 교육시키는 어른이 없었다. 4살 아이가 자동차 운전석에 앉아 장난을 치는데도 효섭이 엄마는 "아이고 잘하네. 거기 키 꽂아야지!" 운전을 해 보라며 위험한 상황을 부추기기까지 했다. 또한 할머니와 할아버지가 세탁소를 운영하기 때문에 아이들은 세탁소에서 놀 때가 많았는데, 아이들이 바늘이며 다리미 등 위험한 것들을 가지고 노는데도 누구 하나 제지하는 사람이 없었다. 효섭이와 가연이는 가정 안전사고의 위험 수준에까지 와 있었다.

> "결국 양육하는 주체가 되는 어른들이 정말 위험한 것들, 해도 되고 안 되는 것들에 대한 교육을 전혀 안 하고, 그냥 내버려두니까 이 집 아이들은 안전 불감증의 상태가 된 것입니다."
>
> — 오은영 소아청소년정신과 전문의

우리 아이를 달라지게 하는 완벽 솔루션

효섭이네 가족 개선의 첫걸음은 그동안 '서로 돕고 살면 좋은 게 좋은 거지' 라는 생각과 '네 집, 우리 집 구분 없이 어울려 산다' 는 생각을 바꾸는 데서부터 시작되었다. 2주일의 솔루션 기간 동안 가족들은 각자 생활하기 프로젝트를 실시하기로 했다.

아이의 마음 읽어주기

늘 효섭이에게 맞고, 먼저 맞았으면서도 혼이 나기만 했던 가연이의 심리 검사가 이뤄졌다. 그런데 놀이 검사실에 들어간 가연이가 15분째 움직이지 않고 가만히 서 있기만 했다. 맘껏 편하게 놀기를 유도해도 낯선 장소에 놓인 순간 얼어붙고 말았는데, 이런 아이는 엄마가 대신 감정을 많이 읽어주는 것이 좋다. 곰 인형이나 아이가 좋아하는 매개체를 통해 아이의 마음을 읽어주는 것이 효과적인 방법인데, 아이의 마음을 읽기 전에 "엄마가 만날 효섭이한테 양보하라고 해서 가연이 많이 속상했지? 엄마가 이제 가연이 인형도 사주고, 가연이를 위한 엄마가 되기로 약속할게. 알았지?"라고 아이에게 진심을 이야기해준다.

생활 습관 바로 잡기

아침마다 잠투정을 하는 효섭이를 위해 엄마와 아빠가 직접 노래하고 춤추는 기상송 비디오를 제작했다. 엄마와 아빠가 텔레비전에 나와 기상송을 부르자 이불 속에서 꼼짝도 하지 않던 효섭이가 벌떡 일어난다.

또 그동안 육아에 소홀했던 아빠는 목마 태워주기나 이불 그네 태워주기와 같은 아주 기본적인 놀이를 통해 아이와 신체적으로 가까워지고 퇴근 후 아이 목욕시키기와 같은 양육에도 적극 동참한다. 그러자 새벽 2시가 넘도록 이리저리 뒤쨈이던 효섭이가 "아빠, 빨리 주무세요" 하며 먼저 잠자리에 들었다.

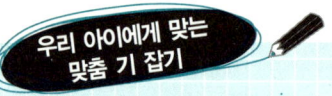

아이와 기 싸움에서 지지 않기

효섭이가 또 책상 위에 올라가 폴짝폴짝 뛰며 위험하게 놀고 있다. 아빠가 내려오라고 해도 귓등으로도 듣지 않는데, 이럴 때는 다음과 같이 행동한다.

1)아이와 눈을 마주쳐야 아이가 아빠 말을 듣는다.

2) 가볍게 아이의 팔을 잡는다.

3) 절대 아이에게 의문형으로 물어보지 않는다. 위험한 상황은 타협
   할 수 있는 상황이 아님을 기억해라.

4) 말을 할 때는 단호하게 한다.

하지만 태어나서 단 한 번도 훈육을 받아 본 적이 없는 아이는 몸부
림을 치며 울면 내가 엄마를 이길 수 있을 거라고 생각한다. 이럴
때 아이가 어떻게 해도 엄마가 쉽게 꺾이지 않을 거라는 것을 알게
하면 아이는 스스로 진정하기 마련이다.

솔루션이 진행되는 2주일 동안 각자 따
로 떨어져서 살았던 가족들이 한자리에
모였다. 서로 눈만 마주쳤다 하면 때리
고, 싸우던 효섭이와 가연이가 서로 얼싸안고 헤어진 이산가족을
만난 듯 반가워한다. 할머니도 손자들 눈치 보지 않고 지낼 수 있어
좋고, 효섭이도 부모와 더 오랜 시간 생활하다 보니 규칙적인 생활
을 할 수 있게 되었다. 아이들 때문에 힘들었지만 지금은 아이들 때
문에 행복하다는 가족들, 더 나은 내일을 위해 서로를 격려하는 모
습에서 끈끈한 가족의 사랑을 느낄 수 있었다

형제자매끼리 자주 다투는
우리 아이

동생 얼굴에
손톱자국이
가실 날이 없어요

집안의 작은 폭군

요란한 소리를 내면서 어린이집에서 돌아온 근호가 미끄러지듯 텔레비전 앞으로 직행한다. 그런데 갑자기 소리가 안 들린다고 버럭버럭 소리를 지르더니 부엌일 하던 엄마가 소리를 켜준다고 하는데도 그 잠깐을 못 참고 이불 위에 침을 뱉고 옆에서 간식 먹고 있는 동생의 얼굴을 꼬집으며 괜한 화풀이를 한다. 형의 공격을 피하려고 동생이 뒷걸음질치며 도망을 가는데도 끝까지 쫓아가 할퀴고 뺨을 때린다. 엄마가 미처 말릴 새도 없이 순식간에 일어나는 일이라 동생의 얼굴엔 근호의 손톱자국이 가실 날이 없었는데 그래도 성이 차지 않는지 이번엔 부엌 유리문으로 돌진해 손바닥으로 유리를 깰

듯 내려친다. 그러더니 엄마가 다시 부엌에 가자, 동생의 얼굴을 또다시 꼬집다가 급기야 엄마의 하이힐로 동생의 머리를 찍을 듯 내려친다. 엄마가 등만 돌리면 이렇게 동생을 못 잡아먹어 안달인 근호, 엄마는 이러다 하나밖에 없는 동생 골병드는 건 아닌지 걱정이 앞선다.

놀랍게도 엄마 친구가 놀러오자 엄마 친구네 아기는 괴롭히기는 커녕 아끼는 장난감을 다 꺼내주며 애지중지한다. 제 동생 한준이가 다른 장난감을 꺼내자 그 장난감까지 뺏어서 아기한테 준다. 근호가 잠깐 텔레비전에 눈을 돌린 사이 한준이가 아기의 장난감을 뺏자, 그 모습을 본 근호가 다짜고짜 동생의 얼굴에 손바닥을 날린다. 다른 집 아기는 예뻐하면서 친동생에게는 왜 이렇게 모진 건지. 급기야 엄마가 동생을 달래는 사이 분에 못 이긴 근호가 바지를 벗고 그대로 안방 한가운데에 쉬를 해버렸다. 무조건 화내고 달려들고 멈출 줄을 모르는 노브레이크 근호, 대체 무엇이 문제일까?

반응이 느린 부모

엄마와 아빠 앞에서 아이들이 놀고 있다. 그때 동생 한준이가 형 근호의 색연필을 가져가버렸다. 그러자 근호가 버럭 화를 내며 도망가는 동생을 쫓아가 괴롭힌다. 그런데 놀랍게도 엄마와 아빠는 구경만 할 뿐 말릴 생각을 하지 않았다. 심지어 근호가 동생을 꼬집고 울리는 걸 보고 웃기까지 했는데 연년생 아이를 키우는 엄마라면 시종일관 아이를 주시하면서 아이에게 무슨 일이 생길까 항상 신경을 곤두세우고 있기 마련인데, 근호 엄마는 늘 멍하게 있다가 한 템포 느리게 반응을 하고 뭘 하려고 하면 뜸을 들이거나 아이들의 말귀를 잘 못 알아들었다. 아이 입장에서는 이런 엄마가 답답하기 때문에 더 짜증을 부릴 수밖에 없었다.

양육 비교 실험

엄마는 처음에는 근호의 문제 행동에 혼도 많이 내고 제대로 가르쳐 보려고 노력도 많이 했는데 아이가 유별나다 보니 어느 순간 아이를 그대로 방치할 수밖에 없었다는 말을 자주 했다. 그렇다면 정말 엄마와 아빠의 말처럼 근호는 유난히 돌보기 힘든 아이일까? 똑같은 상황에서 근호와 엄마가 있을 때와 근호와 실험맨이 있을 때 아이가 어떤 모습을 보이는지 간단한 실험을 통해 알아봤다. 실험 과제는 과자를 먹고 있는 아이에게 무사히 밥을 먹이는 것이었는데, 먼저 엄마가 근호에게 밥을 먹여보았다. "TV 끄고 밥 먹자. 과자 줘, 밥 먹게. 그만 먹고 밥 먹게. 밥 먹자." 밥을 먹자는 말만 무한 반복하더니 근호 손에 있던 과자를 냉큼 가져가버린다. 그러자 과자를 뺏긴 근호가 울기 시작하는데, 엄마는 울건 말거나 억지로 근호를 식탁에 앉히려고만 했다. 하지만 이미 성질이 날 대로 난 근호가 침을 뱉으며 항의를 해 결국 엄마는 근호와 신경전만 벌이다 밥 먹이기를 실패하고 말았다.

그렇다면 실험맨은 어떨까? 우선 식탁 위에 밥상을 차린 후 과자를 먹으며 놀고 있는 근호한테 다가갔다. 그런 다음 막무가내로 '밥 먹자!' 가 아니라 "한결아 이것 봐. 요거까지만 하고 밥 먹으러 가자" 아이의 눈을 보고 말한 뒤 아이가 놀이를 마무리할 수 있게 시간을 주었다. 약속한 대로 놀이가 끝나자 놀랍게도 근호가 자리에서 일어나 식탁으로 간다. 그리고 미리 차려놓은 밥을 맛있게 먹는데, 이런 근호의 모습을 처음 보는 엄마는 기분이 별로 좋지 않았다. 엄마의 어떤 점이 잘못된 걸까?

> "근호 엄마는 한꺼번에 여러 가지 일이 몰아닥치면 엄청나게 중압감을 느끼는 사람입니다. 그래서 아이의 말을 잘 못 듣고, 한 귀로 흘려들을 수밖에 없는 거죠. 아이 입장에서는 본능적으로 엄마의 관심과 눈길이 필요하니까 강력하게, 더 세게, 표현을 하게 된 거예요."
>
> — 오은영 소아청소년정신과 전문의

아이의 마음을 전혀 알아주지 않는 엄마

놀이 평가에서도 엄마의 문제는 그대로 드러났다. 먼저 놀이 치료사가 근호와 놀이를 실시했다. 선생님이 근호의 말에 바로바로 호응을 해주자 근호가 선생님에게 긍정적인 반응을 보였다. 그런데 엄마는 엄마한테 놀이를 뽐내고 싶은 근호의 마음을 전혀 몰라주고 "엄마도 잘할 수 있어. 한결아, 엄마도 한 번 해보자" 되레 아이가 놀던 것을 뺏기만 했다. 결국 근호는 엄마한테서 등을 돌리고 다른 놀이를 했다.

형제자매끼리 자주 다투는
우리 아이

"제대로 된 양육을 통해서 자기 조절과 자기 통제를 배워야 합니다. 그렇지 않으면 늘 사람들과 트러블을 일으키게 되고 나중에는 외톨이로 남게 됩니다."

― 오은영 소아청소년정신과 전문의

엄마와 몸으로 가까워지기

그동안 근호는 엄마와 손끝이 닿기만 해도 피하고 거부했다. 스킨십을 통해 아이와 정서적으로 더욱 가까워질 수 있는 방법과 놀이들이 많이 있다. 엄마는 이런 놀이들을 적극적으로 배워서 아이와 몸으로 가까워질 필요가 있다.

엄마 몸 놀이
① 엄마 몸속에 과자를 넣고 아이가 엄마 몸을 만지며 숨겨진 과자를 찾는다.
② 휴지를 잘게 잘라 서로의 얼굴에 분다.
③ 신문지 펀치 놀이: 엄마가 펼쳐진 신문지를 잡고 있으면 아이가 신문지를 주먹으로 쳐서 구멍을 내는 신문지 펀치는 에너지가 넘치는 아이들의 에너지 해소도 되고 엄마와의 사이도 돈독하게 한다.

또한 이제부터는 동생과 협동할 수 있는 '칙칙폭폭'과 같은 기차놀이를 권장한다. 이런 놀이를 통해 아이 스스로 형으로서의 위치를 인식할 수 있다.

스킨십 존

어린이집에 가기 싫어하는 아이를 위해 현관문 앞에 '스킨십 존'을 만들어놓는다. 아이가 스킨십 존을 한 번 밟을 때마다 엄마와 아빠가 안아주고 뽀뽀를 해준다는 규칙을 정하면, 아이는 엄마와 아빠의 사랑을 받기 위해 스스로 스킨십 존을 밟고 어린이집에 갈 것이다.

하지만 그동안 생활 전반에 체계가 없었던 가정에 규칙이 생기면 아이가 잘 따르기보다는 반발할 가능성이 높다. 그럴 때는 억지로 따르게 하기보다 칭찬이나 긍정적인 보상을 통해 아이에게 성공의 경험을 맛보게 해주는 것이 효과적이다.

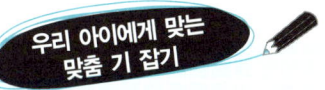

두 아이를 한꺼번에 훈육하기

어린이집에 갔다온 근호가 엄마의 손 씻자는 말에 또다시 몸을 뒹굴며 떼를 쓴다. 저러다 아이가 다치지나 않을까 걱정이 되는 상황인데, 엄마는 놀랍게도 떼를 쓰는 아이를 보고도 하던 설거지를 마저 하러 가버렸다. 아이가 위험하게 떼를 쓸 때는 아이가 다치지 않게 지켜보는 게 제일 우선인데, 엄마는 아이보다 자신의 일이 먼저였다. 아니나 다를까 엄마가 방심하는 사이 아이가 바닥에 머리를 찧고 말았다. 이때는 바로 훈육에 들어가야 한다. 눈 깜짝할 새에 아이가 다칠 수 있기 때문에 훈육을 할 때 엄마는 정신을 똑바로 차리고 아이에게 집중해야 한다. 그런데 시간이 지나면서 근호는 고집을 꺾기 시작했는데 이번에는 동생이 울기 시작했다.

그동안 엄마는 훈육을 시도할 때마다 두 아이 사이에서 우왕좌왕하느라 한 아이도 제대로 훈육할 수 없었다. 동생도 근호처럼 훈육이 필요한 것인지 판단이 서질 않았기 때문이었는데, 동생 한준이는 아직 어리기 때문에 훈육보다는 다치지 않게 꼭 안고 울음을 그치도록 달래주는 게 좋다.

우리 아이 어떻게 달라졌을까?

아침 일찍 근호네 집을 다시 찾았다. 잠에서 깨자마자 근호가 동생의 볼에 다정하게 뽀뽀를 한다. 그리고 씻을 때마다 떼를 쓰던 아이가 "엄마, 다리 아파? 아까 다리 아프다고 했잖아" 엄마 걱정까지 한다. 뿐만 아니라 엄마 심부름은 이제 근호 몫이 되었다. 심부름을 성공하자 엄마가 칭찬 나무에 도장을 꾹 찍어주었는데, 그동안 착한 일을 얼마나 많이 했는지 칭찬 나무가 도장으로 꽉 찼다. 봄날의 새싹처럼 파릇파릇한 근호의 웃음소리를 들으니 근호네 집에도 드디어 봄이 찾아온 것 같았다.